Salvado por un ángel

Salvado por un ángel

Relatos verdaderos de personas que
han vivido experiencias
extraordinarias con ángeles...
y ¡qué hacer para experimentarlas
TÚ también!

DOREEN VIRTUE

Grupo Editorial Tomo, S. A. de C.V.
Nicolás San Juan 1043,
03100, Ciudad de México

1.ª edición, octubre 2016.

© 2016, Grupo Editorial Tomo, S. A. de C. V.
Nicolás San Juan 1043, Col. Del Valle
03100, Ciudad de México.
Tels. 5575-6615, 5575-8701 y 5575-0186
Fax. 5575-6695
www.grupotomo.com.mx
ISBN-13: 970-607-415-780-2
Miembro de la Cámara Nacional
de la Industria Editorial N.° 2961

Traducción: Lorena Hidalgo Zebadúa
Diseño de portada: Karla Silva
Formación tipográfica: Marco A. Garibay M.
Supervisor de producción: Leonardo Figueroa

Este libro se publicó conforme al contrato establecido entre *Hay House UK, Ltd.* y *Grupo Editorial Tomo, S. A. de C. V.*

Impreso en México - *Printed in Mexico*

Gracias, Dios,
por enviar a los ángeles
a protegernos, guiarnos
y amarnos.

Contenido

Introducción

¿Alguna vez has tenido una experiencia con ángeles? Desde que un ángel me salvó la vida durante un violento asalto en coche en 1995, he dedicado mi tiempo a investigar estas experiencias y a enseñar sobre ellas. Basándome en el creciente número de historias sobre ángeles que he recibido durante los últimos cinco años, parece que ha aumentado el número de personas que hemos visto, escuchado o sentido la presencia de un ser celestial.

El 55 por ciento de los adultos estadunidenses que participó en la encuesta realizada por la Universidad de Baylor, en 2008, aseguró que "un ángel de la guarda lo protegía". La encuesta incluyó un número importante, estadísticamente hablando, de personas que no se consideraban religiosas, lo cual demuestra que los ángeles ayudan a todos por igual.

Los ángeles están entre nosotros en este momento, tus ángeles de la guarda están contigo mientras lees esta oración. Hacen notar su presencia para ayudar a tranquilizar los miedos terrenales sobre el futuro y a ayudarnos en el camino hacia el propósito Divino de nuestra vida.

Este libro contiene relatos verdaderos de personas a quienes la intervención angélica les salvó o cambió la vida. Algunas de esas historias son seleccionadas de mis libros anteriores *Angel Visions* y *Angel Visions II.* Como leerás, la gente de los relatos es gente común. No tienes que ser un santo ni que tu vida sea perfecta para conectar con los ángeles. Cada persona tiene ángeles de la guarda que le dan protección y guía.

La palabra **ángel** significa "mensajero de Dios". Estos seres nos ayudan a escuchar los mensajes de la voluntad de Dios, en especial cuando estamos en crisis o demasiado asustados o estresados como para escucharlos directamente. A fin de cuentas, nuestro Creador es cien por ciento amor, que es el nivel de vibración más alto de todos.

Cuando te encuentras en un estado de gozo es fácil conectarte con Dios, como cuando estás meditando. Sin embargo, cuando más necesitas al cielo, las vibraciones del estrés reducen tu capacidad para escuchar Su voz. Es entonces cuando los ángeles son enviados para estar contigo, como un puente entre el terrenal ego y el ser superior Divino.

Las experiencias con ángeles suceden de diferentes formas y en este libro leerás sobre gente que ha:

- Visto un ángel mientras meditaba o con los ojos físicos.

- Encontrado a una persona que apareció de repente para rescatarla o darle un mensaje importante, para desaparecer sin dejar rastro alguno.
- Tenido un encuentro con un ángel, un ser querido que murió o algún maestro ascendido (como Jesús, un santo o cualquier otro ser espiritual) en sueños.
- Escuchado una voz que le dio un mensaje que le salvó la vida.
- Tenido una visión o visto una señal importante y en el momento justo.
- Tenido una fuerte intuición que la puso a salvo.
- Recibido una idea o pensamiento fundamental para su protección.

Mientras estés leyendo *Salvado por un ángel* es posible que te des cuenta de las interacciones que has tenido con *tus* ángeles de la guarda. Puesto que tus ángeles están contigo en todo momento del día, continuamente están interconectados. De manera que tu sensibilidad ante estos encuentros y tu conciencia de ellos aumentarán a medida que leas sobre las experiencias de otras personas.

Rezo para que no olvidemos llamar a nuestros ángeles de la guarda. Una vez que empezamos a conectarnos con el cielo de manera regular, nuestra vida se llena de más gozo, paz y seguridad. Dejamos de lado esos viejos miedos sobre el futuro o la muerte y comenzamos a centrarnos en vivir la vida al máximo. Nos preocupamos menos y nos sentimos más felices porque sabemos que nuestros ángeles de la guarda están cuidándonos.

Los ángeles no son tímidos y quieren que sepamos que están con nosotros. Ya que tenemos libre albedrío, solo pueden intervenir si les damos permiso —puede ser rezando o pidiéndoles que nos ayuden o por medio de visualizaciones o afirmaciones, por ejemplo—. Cuando les damos permiso de que nos ayuden, *todos* salimos beneficiados. A fin de cuentas, cuando estamos en paz brindamos más paz al mundo.

Me imagino un mundo lleno de gente feliz que se conecta individualmente con Dios y sus ángeles. ¡Eso sí que es paz en la Tierra!

Con amor,
Doreen

Primera parte

Relatos verdaderos de personas que han vivido experiencias con ángeles*

* **Nota de la autora:** *Algunas personas pidieron que no se revelara su nombre, que solo se usaran sus iniciales o su nombre de pila para identificarlas.*

Capítulo 1

Salvado por un ángel

Una visión de advertencia
Por D. Sorensen

A principios de los 90 tuve una visión clara que me salvó la vida, con ángeles que me echaron una mano para ayudarme.

Era una mañana de verano en Suecia. Mi novio y yo íbamos en el coche, cerca de la casa, por un camino de grava. De repente, le dije: "Mejor ve más despacio porque a mi colega Kenneth se le hizo tarde".

Tuve una clara visión en la que chocábamos con Kenneth y yo salía volando por el parabrisas porque no traía puesto el cinturón de seguridad (siempre suelo usarlo pero ese día pensé que no hacía falta ponérmelo porque íbamos por un camino con poco tráfico). Vi la sangre, me vi atravesando el parabrisas y escuché los gritos de mi novio... la visión fue muy clara y espeluznante. Me puse el cinturón lo más rápido que pude.

Mi novio me miró y dijo: "Está bien", y bajó la velocidad. Estaba acostumbrado a mis visiones y sabía que mi instinto casi nunca se equivocaba, así que siguió mi consejo y manejó a 45 kilómetros por hora en lugar de a más de 60.

Como era de esperar, no habían pasado ni cinco segundos cuando mi colega apareció manejando rápido en la esquina. Nos orillamos lo más que pudimos, pero el camino era estrecho y a la derecha teníamos una barda, así que no había manera de esquivarlo. Kenneth iba muy de prisa y pisó el freno, pero chocó contra nosotros y el impacto nos aventó unos 20 metros. El Volvo en el que íbamos fue pérdida total y quedó inservible después del impacto.

Yo me rompí tres costillas (por el cinturón de seguridad) y mis rodillas se estrellaron contra el tablero, además del fuerte latigazo. Pero estaré siempre agradecida porque la visión me salvó la vida, sin duda.

Desde entonces he tenido otras visiones pero esta fue la más clara y la que me salvó la vida. No puedo terminar de agradecer a mis ángeles de la guarda.

Una defensa angélica
Por Nelly Coneway

15 de mayo de 2008, una fecha que siempre voy a recordar. Fui a comer con tres amigos y salimos del restaurante a las 6:20. El semáforo para peatones estaba en verde, no había coches pasando y empezamos a cruzar la calle.

De repente, me cegó una brillante luz dorada —apareció justo frente a mí y el tiempo se detuvo—. Por primera vez en mi vida y con los ojos abiertos vi al Arcángel Miguel y a Jesús junto a mí. Sentí como si hubiera mucha gente a mi izquierda. Volteé pero no había nadie —solo el campo energético, que se sentía denso, como una defensa entre el enorme monstruo oscuro y yo, que se acercaba y estaba muy cerca de mí y a la vez muy lejos—. Mi cerebro se negaba a registrar lo que pasaba. Nunca me había pasado algo así y no podía entenderlo: mi cuerpo físico estaba ahí pero mi alma estaba lejos, muy lejos, como si me hubiera teletransportado con los ángeles...

Volví a ver al vehículo que se acercaba —todo estaba en silencio y no tenía miedo, estaba como en otra dimensión—. Entonces escuché que la gente gritaba y sentí que los ángeles me levantaban. Como si estuviera soñando, vi incrédula que una enorme camioneta negra se alejaba lo más rápido que podía. Por primera vez, mi cerebro se dio cuenta de que la camioneta me había golpeado y el conductor había huido. Recé para que los ángeles ayudaran a la policía a encontrarlo —y todo se volvió negro.

Lo siguiente que recuerdo es que llegó un policía a verme al hospital a media noche para decirme que habían localizado a la mujer que me atropelló y huyó —lo cual, según él, era un "verdadero milagro"—. Gracias a los ángeles sobreviví al accidente y me curé, y la mujer estaba en la policía.

"¡CIERRE!"
Por Bernadette Brighton

Tenía ocho años. Toda la familia había ido a esquiar en nieve. Yo era pequeña así que me mandaron a una colina pequeña. En esa bajada no se usaba un teleférico sino una cinta transportadora con forma de L. Era una tabla horizontal de madera sujeta a un palo de metal. Los esquiadores se inclinaban y la madera los levantaba y los llevaba colina arriba.

No me acuerdo cómo fue pero finalmente me caí de la tabla. Iba muy mona envuelta en un abultado traje rosa para la nieve —pero ese día no sirvió de mucho. La gorra del traje se atoró en la madera y comenzó a arrastrarme colina arriba—. Estaba ahogándome y mi corta vida pasaba ante mis ojos. Obviamente, no podía treparme porque tenía puestos los esquís.

De repente escuché una fuerte voz que gritó: "¡CIERRE!". Al instante comprendí y me bajé el cierre del traje, lo que me permitió respirar.

Los operadores de la cinta tardaron muy poco en darse cuenta de lo que pasaba y detenerla. Llegaron hasta donde yo estaba, tenía mucho miedo, como cualquier niño, pero estaba bien. Creo firmemente que mis ángeles de la guarda evitaron que me ahogara ese día, y por ello les estoy eternamente agradecida.

SIENTO LA FUENTE EN MI INTERIOR
Por Deborah S. Nutile

Decir que los ángeles cambiaron mi vida o la salvaron se queda corto. Hace cuatro años, mi vida era una desesperación en secreto. Nada tenía sentido: un "feliz matrimonio", tres maravillosos hijos, una linda casa, una cabaña en el bosque, familia, amigos, trabajo... pero por dentro me sentía infeliz. Nadie sabía de mi sufrimiento. Todos los días me ponía una máscara y salía al mundo con una sonrisa pegada sobre mi cara, esperando que el día terminara para volver a meterme a la cama, el único lugar donde encontraba consuelo. Era como si fuera una actriz que representaba un papel que no era el suyo.

Una mañana estaba de pie arreglándome para ir a trabajar, sintiendo miedo por otro día, le dije a Dios: "Sé que estás ahí en teoría, pero no *puedo* sentirte".

Supongo que eso sirvió como invitación, porque lo que pasó a partir de ese instante fue un milagro. En el verano de 2008, me encontraba en la cabaña inmersa en las enseñanzas de *A New Earth* de Eckhart Tolle, *Change Your Thoughts-Change Your Life* del Dr. Wayne W. Dyer y *Un curso de milagros*. Estaba volviendo a la vida.

En esa época solía hacer lo que llamaba mi "paseo con ángeles" en la naturaleza. Siempre había amado a mis ángeles y a las señales que me enviaban: el número 111, las mariposas, los arcoíris... estas señales siempre me hacían sentir bien. No había tenido mucho contacto con mis ángeles durante el tiempo que me sentía desesperada pero, conforme volvía a ser yo misma, volvía a ser capaz de "verlos". Así que, una mañana que estaba en mi paseo con ángeles y disfrutando de la serenidad del bosque, escuché una voz que decía:

—Tienes que escribir un libro.

¿Qué? ¿Qué es esto? Nunca antes había "escuchado" voces y estaba muy confundida.

—Tienes que escribir un libro —repetía la voz.

"¿Escribir un libro? ¿Y cómo lo hago?", me pregunté. No soy escritora. Además, ¿sobre qué voy a escribir?

La voz continuó: "Sobre tu viaje espiritual".

Estaba muy confundida. No pensaba que estuviera en situación de escribir sobre mi viaje. Es verdad que había avanzado mucho desde aquel día en el baño, pero no sentía que tuviera nada qué compartir. Pero amo a mis ángeles así que, en lugar de olvidarme del consejo, lo dejé "reposar" unos días. Fue un tiempo extraordinario y la "voz" fue más bien insistente. Al tercer día, escuché: "No te resistas"... y finalmente agarré pluma y papel. Imagínate mi sorpresa cuando, aproximadamente ocho semanas y 500 páginas escritas a mano después, solté la pluma y sí, había escrito un libro.

Debo decir que fue una de las experiencias más increíbles de mi vida. Mis ángeles estuvieron conmigo noche y día, y mi vida cambió de forma que me ha llevado a un lugar de pura felicidad y gozo. Desde entonces he seguido con mi viaje y ahora me encuentro entre otros autores maravillosos como Esther y Jerry Hicks (*The Teachings of Abraham*). La vida es buena... es muy, muy buena.

Así que, efectivamente, mis ángeles me salvaron la vida y siguen guiándome todos los días. Sé que siempre están conmigo y lo mejor de todo es que, después de poco tiempo —y de conocer la Ley de Atracción— tengo exactamente lo que pedí ese día en el baño. Ahora no solo sé que Dios está ahí; lo siento... siento la Fuente en mi interior en cada momento de cada día. ¡Pedí y me fue dado! En cuatro años pasé de una gran desesperanza a ser uno de los seres más felices del planeta, y día tras día valoro todo esto y agradezco a mis ángeles por ello.

Flotando para quedar a salvo
Por Anna Martin

Fue hace como siete años cuando descubrí que los ángeles sí existen. Iba manejando al trabajo e iba a pasar a la guardería. Era muy temprano, hacía mucho frío y mi bebé iba en el asiento de atrás. Cuando nos acercamos al pequeño puente, el parabrisas se empañó de repente. No podía ver nada por ninguna ventana y no había ningún lugar donde poder orillarme. Literalmente, levanté las manos y dije:

—¡Ay, Dios!, alguien tiene que ayudarme porque no veo nada.

Después sentí como si el coche estuviera flotando sobre el puente hacia un cruce del otro lado, antes de que se estacionara a salvo en un lado de la calle.

No hay otra explicación. Me quedé ahí un rato, consternada, antes de volver a manejar —esta vez con una gran sonrisa en la cara.

Un ángel estaba cuidándome
Por Nicole Hume

Siempre he creído en los ángeles y tengo la creencia de que hay algo más allá de nuestro mundo físico, pero un día me convencí de que un ángel estaba cuidándome.

Vivo en New South Wales, Australia, y en ese momento en particular estaba trabajando en Blue Mountains, un área muy pintoresca. De camino al trabajo había varios señalamientos de límite de velocidad que excedí, ya que casi siempre llegaba tarde. Los caminos eran amplios y estaban bien señalizados pero ese día en particular llovía mucho y había niebla en la montaña. Los vidrios de mi coche se empañaban fácilmente, así que ponía al máximo el aire para desempañar y encendía el limpiaparabrisas para poder ver por dónde iba.

Te imaginarás que en un área montañosa hay muchas curvas. Llegué a un tramo de 90 kilómetros por hora, lo cual significa que conducía más o menos a 100. Iba llegando a una curva larga a la derecha (en Australia, el volante está del lado derecho del coche), así que no podía ver totalmente lo que había delante.

Entonces sentí como si algo pateara el respaldo de mi asiento. Hubo un crujido extraño que salió de la radio, vi un destello de luz blanca y escuché una voz que me decía que bajara la velocidad. Estaba un poco nerviosa e hice caso. Al final de la curva había un accidente que acababa de pasar y estaba obstruyendo todo el camino... Apenas tuve tiempo de frenar.

Creo que estaban cuidándome y, de no haber recibido el mensaje de mi ángel, habría chocado contra uno de los vehículos y hubiera salido muy lastimada o incluso muerta.

Nada se le esconde a un ángel
Por Sabine Vogt

Tenía unos siete u ocho años y vivía en un pequeño pueblo en Alemania. Era un día soleado y todos los niños, incluyéndome, estaban jugando afuera. Algunos empezamos a jugar a las escondidillas y a buscar un lugar en donde no fuera fácil que nos encontraran.

Detrás de mi casa había un contenedor de basura para papel y pensé que era el lugar perfecto. Me metí y cerré la tapa. Era imposible que me encontraran. De repente, la tapa salió volando y alguien me agarró, sentí que salía volando del contenedor.

Ya en el suelo, me quedé mirando a quien pensé que era el señor que recoge la basura, pero ese día no tocaba que pasaran a recogerla, así que el señor no tenía por qué estar ahí.

Él se quedó mirándome y, aunque no daba miedo, estaba tan sorprendida que salí corriendo. Estoy segura de que ese ángel me salvó la vida porque, definitivamente, no hubiera podido abrir la tapa del contenedor yo sola y me hubiera ahogado.

Así que, ¡muchas gracias, ángel, por rescatarme!

Un despertar muy especial
Anónimo

Mi historia de ángeles empezó el año pasado. Me cambié a una casa nueva preciosa y poco después encontré el libro de Doreen *The Lightworker's Way*.

Leyendo el libro tuve un despertar muy especial y los ángeles manifestaron su presencia de maneras muy evidentes. Los sentía en el centro de mi corazón. Los sentí a mi alrededor durante semanas, a cada minuto del día. Los oía cantar —el sonido más hermoso que jamás había escuchado. Los veía en mi imaginación—. Cuando me acostaba para descansar aparecían los colores más lindos que me guiaban a una intensa y profunda sanación. Me vi en el espejo y, por primera vez pude ver la profundidad de mi alma... la verdadera belleza que soy, una creación de Dios. Así que, con la guía de los ángeles, empecé mi propio viaje espiritual.

Desde entonces estoy en ese viaje y he tenido cambios muy positivos. Aprendí a escuchar y a traer la energía de los ángeles a mi vida y a la vida de otras personas a través de mi arte y de las habilidades para sanar que aprendí. Gracias a la maravillosa sabiduría compartida en ese libro, ahora sé que soy una trabajadora de la luz. Sé que no lo encontré por accidente, sino que era mi momento para despertar por completo para descubrir mi verdadero propósito en la Tierra.

Lo maravilloso de esta historia es que yo era toda una incrédula que vivió experiencias muy difíciles, pero ahora tengo fe y una capacidad de sanación que puedo compartir. Estaré eternamente agradecida por haber despertado a mi propósito y por la energía de los ángeles que nos rodea todos los días.

El ángel del *motocross*

Por Staci Christensen

Voy a empezar diciendo que mi esposo, Travis, es "adicto a la adrenalina" desde que lo conozco. Disfruta de la velocidad y le gusta correr riesgos.

Nunca he sido miedosa pero trato de no ir a la pista de *motocross* cuando él y mi hijo van a andar en moto. Era la primera vez que acepté ir a ver a "mis niños" conducir. Estaban divirtiéndose mucho y mis dos hijos pequeños y yo los veíamos desde la barrera. Había pocas motos en la pista. Travis pasó justo frente a nosotros por la primera curva, subió por una rampa pronunciada y cayó en la rampa de la segunda colina.

Al principio, no parecía que se hubiera lastimado mucho. Se puso de pie y levantó la moto. Recargó la cabeza en el manubrio durante un minuto y después trató de encender la moto.

De repente vi a un señor que estaba a la izquierda de la rampa, sentado con tranquilidad en una silla de jardín con una sombrilla —no lo había visto antes—. Se levantó y le dijo a mi esposo que lo llevaría a donde nos habíamos estacionado. Puso a Travis en el asiento delantero de nuestra camioneta y subió la moto de mi esposo y la de mi hijo en la parte de atrás, cosa que yo no hubiera podido hacer sola. Y se fue caminando. Ni siquiera me acuerdo de cómo era y no tengo idea de dónde salió ni a dónde se fue. Pero estaba agradecida por su ayuda y nos fuimos al hospital.

Cuando llegamos, le hicieron radiografías a Travis y resultó que tenía fracturas en todos los huesos de la parte superior izquierda del cuerpo. Una costilla estaba muy cerca de la aorta y temían que la perforara, así que lo llevaron de inmediato al hospital universitario para que lo operaran. Cuando mi esposo estuvo estable y comenzó el proceso de recuperación, me dijo que un ángel lo había ayudado.

Pensé que estaba hablando en sentido figurado, pero me dijo que sabía que el hombre que lo ayudó en la pista era un ángel. El hombre no estaba ahí antes del accidente y mi esposo y mi hijo conocían a todos los que iban a la pista.

Un ángel se apareció ese día y todos estamos muy agradecidos por la ayuda que nos mandó el cielo.

Ante la insistencia del ángel
Por Luisa Wise

Habían pasado varios años desde la última vez que me hicieron una revisión cervical. Por lo general, lo hacía de manera regular; el doctor me había mandado recordatorios para hacer una cita. Pero pasó el tiempo y terminé olvidándome del asunto. Un día, en febrero de 2007, recibí otro recordatorio y, en cuanto abrí la carta, una voz me dijo que esta vez tenía que ir. La voz insistió hasta que no hice la cita con mi doctor... y tenía razón: el resultado de la prueba aseguraba que tenía células precancerosas y debía someterme a un tratamiento para removerlas.

Si no hubiera escuchado esa voz, estaría luchando contra el cáncer... o no estaría viva. Le agradezco a Dios y a los ángeles por advertirme e insistir en que hiciera la cita. Ahora estoy sana, voy a que me revisen cada año y tengo la esperanza de estar con mis hijos y mi familia durante mucho tiempo.

Sostenida por el cielo
Por Renee Lukaszek

Cuando tenía trece años, mi familia pasaba por un momento difícil. Mi papá había estado consumiendo drogas y era alcohólico. Mi mamá y él solían pelearse y muchas veces, las peleas llegaban al abuso físico. Mientras más drogas y alcohol consumía mi papá, peor se ponían las cosas en casa. Mi mamá tenía dos trabajos para tratar de pagar las facturas. Una noche, mientras ella estaba en su segundo trabajo, las cosas se pusieron mal.

Estaba calentando la comida que mi mamá nos había dejado preparada ese día. Papá llegó a la casa con uno de sus amigos. Terminaron drogándose y bebieron mucho. Mi papá decidió llevar a su amigo a su casa y me hizo ir con ellos. Traté de evitar que manejara. Sabía que no debía agarrar el coche. Me gritó que me metiera al coche.

Era invierno y los caminos estaban horribles esa noche. El amigo vivía lejos y me acosté en el asiento de atrás rezando para que llegáramos bien. Me senté en el asiento y vi que había un perro más adelante a mitad de la calle.

Dije:

—¡Papá, cuidado, hay un perro en medio de la calle!

Me contestó que no veía ningún perro en el camino. Entonces sentí que unas manos muy suaves me sostenían la cara, como una suave fuerza que me jalaba y me acostaba en el asiento. No entendía lo que estaba pasando pero me sentí a salvo y protegida. De repente sentí como si estuviera en un sueño profundo. Recuerdo que me caí del asiento y me pegué contra algo duro. Pero, por más que traté, no podía moverme ni abrir los ojos. Era como si algo evitara que viera o sintiera nada.

Lo siguiente que recuerdo fueron los gritos de mi papá que me decía que aguantara y que no me muriera. Yo seguía como en un sueño profundo, pero lo oía vagamente. Me cargó y me metió a la casa de alguien que lo había visto todo.

Resultó que tuvimos un accidente terrible. En el último segundo, mi papá dio un volantazo para esquivar al perro y perdió el control del coche. Quedó inservible. Papá dijo que tenía clavado el volante en el pecho cuando volvió en sí. No sabe cómo pudo hacerlo, pero empujó con todas sus fuerzas y lo movió para apenas poder zafarse e ir a donde yo estaba. Los tres estábamos heridos, pero afortunadamente no eran heridas graves.

Yo creo que mi ángel fue quien nos protegió esa noche y nos salvó la vida. Pienso que hubiera entrado en pánico si hubiera visto lo que estaba pasando. Salí del hospital con puntadas en la cara y una mano fracturada. Aunque tuve que aprender a volver a usar la mano, sé que las cosas podían haber sido peor. Inmediatamente después del accidente papá buscó ayuda para su problema de adicción.

Todavía tengo las cicatrices. Es un recordatorio de la presencia y la gracia de mis ángeles y del amor del cielo.

La voz que salvó a mi hijita

Por Viki Gregory

Un día de verano que hacía mucho calor fui a la playa con mis cuatro hijas, mi hermana y su hijo. Yo tenía un esguince de tercer grado por lo que no estaba yendo a trabajar y mi hermana iba a la casa a ayudarme con las niñas.

Había recorrido la playa con la vista. Cassie, mi hija de tres años, estaba jugando en la orilla de la playa con sus hermanas mayores y las pequeñas estaban junto a mi hermana, que estaba haciendo una sirena de arena. Pensando que todo estaba bien, me quedé mirando la creación de la obra de mi hermana cuando escuché una voz que decía: "Mira".

Sorprendida, me quedé mirando a mi hermana porque pensé que ella lo había dicho. Pero, en cuanto lo hice, escuché más fuerte y con más insistencia: "¡MIRA!". Y cuando miré, mi Cassie estaba flotando boca abajo en el agua, sus hermanas mayores se habían metido donde el agua era más profunda.

Salté y corrí, el corazón se me salía del pecho, y no sentía nada... no sentía dolor, solo que el corazón me retumbaba. Cargué a Cassie. Tosió y tomó aire, y gritó: "¡Mamá, me asusté mucho, no podía respirar!". Y me puse a llorar... todavía lloro, fue una bendición.

Le estoy eternamente agradecida a esa voz por salvar a mi niñita.

PROTEGIDA POR UN ÁNGEL
Por Jenn Krejci

Debo haber tenido diez años, mi mamá y yo fuimos a visitar a una amiga y a su hija. Era la primera vez que íbamos a su casa.

Tenía una larga entrada para el coche que estaba padrísima porque estuvimos casi todo el tiempo jugando ahí con gises.

Estábamos dibujando arcoíris y jugando avión cuando un taxi se detuvo rápidamente en la entrada. El chofer no se bajó, pero parecía que tenía prisa, volteaba a todos lados y hablaba rápido. Nos gritó:

—¡Niña! ¿Sabes dónde está la calle *balbuceo balbuceo*?

De inmediato sentí que alguien muy alto estaba parado detrás de mí y me abrazaba con sus brazos cruzados sobre mi tronco. No podía hablar, ni siquiera moverme. El corazón me latía con fuerza y mi amiga se acercó un poco al taxi y preguntó:

—¿Qué dijo?

El taxista le hizo una seña para que se acercara más, ella dio unos pasos y el hombre repitió:

—¿Cómo llego a la calle *balbuceo balbuceo*?

Ella volvió a preguntar:

—"¿Qué?" —mientras yo le gritaba en mi cabeza que no se acercara más. ¡*No, no! ¡Corre! ¿Por qué no puedo moverme? ¡Si corro y la agarro podemos escaparnos y entrar a la casa! ¿Por qué no puedo gritar para pedir ayuda? ¿Por qué no puedo zafarme y correr hacia ella? ¡No! ¡Auxilio!*

Mi amiga se acercó todavía más al coche y vi que la puerta del taxista se abrió un poco. En ese instante, la mamá de mi amiga se asomó por la puerta. Le gritó al hombre, "¡Oiga! ¡Váyase de aquí!", y le dijo a mi amiga que entrara a la casa.

El taxi arrancó rechinando las llantas y dejó unas marcas negras en el piso. Mi corazón se calmó y sentí que los brazos que me protegían me soltaban y desaparecían. De repente pude moverme y hablar de nuevo. Era como si me hubiera congelado y ahora me había *descongelado*.

Ahora sé que si hubiera corrido a jalarla, seguramente nos hubieran raptado a las dos. Si hubiera gritado para pedir ayuda, es muy probable que la hubiera agarrado y se la hubiera llevado. Estoy segura de que un ángel o un espíritu guía le dijo a su mamá que viera cómo estaba su hija —y afortunadamente, le hizo caso.

Un desvío angélico
Por Terry Hibbs

Iba en la moto desde Galveston, Texas. Circulaba por las carreteras secundarias en lugar de por la interestatal de camino a la casa de mi primo en Katy, a las afueras de Houston, antes de llegar a mi casa en Elgin, Texas.

Tenía las indicaciones de cómo irme y llegué a una intersección donde pensé que debía dar vuelta, pero algo me hizo seguir derecho. Un kilómetro y medio después me di cuenta de que tenía que regresarme porque sí debía haber dado la vuelta en la intersección.

Cuando finalmente tomé el camino que debía, me encontré con los restos de un vehículo accidentado en el carril por el que iba. Acababa de suceder.

Cuando vi que la policía se dirigía a ese lugar pensé que mis ángeles fueron los que me guiaron para que siguiera derecho, y después me hicieron volver cuando ya había pasado el peligro. Debido a la gravedad del accidente que vi y yendo en mi moto, no creo que me hubiera librado. Pero lo hice... gracias a mis ángeles.

En cuanto me di cuenta de todo, sentí un cosquilleo en todo el cuerpo y lloré. Solo pude decir: "Gracias, ángeles".

El cojín y el imán

Por Clara María del Carmen Mariaka Barrios

Estaba en Guatemala, donde nací. Era noviembre de 2005 e iba en el coche con mi mejor amiga desde Quetzaltenango a la ciudad de Guatemala, a cuatro horas manejando. Nos levantamos temprano porque ella tenía una ceremonia a las 8 a. m. Después de tres horas de manejar llegamos a una recta, pero el estado de la carretera era malo.

De repente, una camioneta aceleró y se puso delante de mí (las carreteras en mi país son solo de dos carriles). La primera reacción que tuve fue frenar y, por la condición de la carretera y el hecho de que mi camioneta iba vacía, comenzamos a dar vueltas. No recuerdo a qué velocidad íbamos, pero seguro eran más de 140 kilómetros por hora. Mi amiga se había dormido en el asiento del copiloto y en ese momento estaba gritando. Mi camioneta dio vueltas varias veces y vi que del otro lado de la carretera venían hacia nosotros tres camiones enormes a gran velocidad.

Cuando estaba segura de que íbamos a chocar contra uno de los camiones, todo pasó como en cámara lenta. Cerré los ojos esperando el impacto... pero sentí que "alguien" empujaba mi camioneta desde atrás y aterrizamos en un maizal. Acababa de terminar la cosecha de maíz en Guatemala y frenamos en un cojín de maíz seco.

Después del "aterrizaje" mi amiga y yo nos abrazamos. Minutos después llegaron a ayudarnos cinco o seis hombres que habían visto el accidente. Nos preguntaron si estábamos bien. Desde donde ellos estaban, el choque fue impresionante. Creyeron que estaríamos muertas y la camioneta destrozada... ¡pero no pasó nada! Las dos estábamos bien, sanas y salvas —solo con el susto— y mi camioneta estaba intacta; el "cojín" impidió que se destrozara.

Los señores que nos ayudaron dijeron que desaparecimos muy rápido de la carretera. Fue como si un "imán" hubiera jalado mi camioneta, de otra manera, uno de los camiones que venían nos hubieran chocado... y todo pasó en un abrir y cerrar de ojos. Mi amiga y yo hablamos y ambas sentimos lo mismo. Como si "alguien" —una fuerza superior— hubiera empujado la camioneta y la hubiera llevado al maizal.

Era un momento difícil en mi vida y en ese momento no lo comprendí, pero ahora sé que el Arcángel Miguel fue quien movió la camioneta y nos salvó la vida. Todo tuvo sentido cuando supe que los ángeles no intervienen en nuestro libre albedrío, excepto cuando estamos en una situación peligrosa. Lo primero que pensé fue en el accidente.

De vuelta a mis brazos
Por Claudine Lyell

Era un lindo día en el que mis dos hijos, mi esposo y yo llegamos a Sidney, después de un viaje de dos horas desde el campo, donde vivíamos. El plan era que los niños y yo pasáramos la mañana en la ciudad y en la tarde fuéramos al parque de diversiones Luna Park. Mi esposo nos dejó en la estación del tren, nos subimos a un autobús hacia la estación central y caminamos hacia el centro.

Paseamos tranquilamente mientras nos dirigíamos a George Street, donde había mucha gente. Los niños se contagiaron del ritmo frenético de la gente que iba y venía. Llegamos a un cruce donde los coches estaban parados. Los semáforos en

Sidney hacen un ruido cuando cambia la luz, así que, al oír ese ruido, mi hijo comenzó a correr para cruzar al otro lado. Justo en ese momento, me di cuenta de que el semáforo se había puesto verde para los coches.

Me quedé pasmada por el miedo cuando me di cuenta de que mi hijo acababa de lanzarse hacia cinco carriles llenos de coches. Grité: "¡No!", pero no pude moverme —sentí como si todo se hubiera detenido—. Mi hijo se detuvo a la mitad del cruce y vio que los coches estaban empezando a arrancar. Volteó a verme y supe que mi hijo iba a ser atropellado por un coche a gran velocidad.

Pero entonces, no sé cómo, corrió de vuelta a mis ansiosos brazos. Lo abracé contra mi cuerpo y no estaba dispuesta a soltarlo. Los dos lloramos cuando nos dimos cuenta de que le habían dado otra oportunidad de seguir con nosotros en la tierra. Yo sabía que, por la gracia de mi ángel de la guarda, mi hijo había "volado" desde la mitad del cruce hacia mis brazos.

Miré hacia el otro lado de la calle y ahí estaba la iglesia más hermosa que jamás había visto. No sabía cómo se llamaba, solo la conocía como la hermosa iglesia junto al ayuntamiento en Sidney. Cuando la busqué por Internet descubrí que se llama Catedral de San Andrés.

Recibí la señal más fuerte mientras meditaba el día de Navidad de 2010 y me llegó el nombre de Andrés. Pregunté:

—¿Hay un ángel llamado Andrés?

Y la respuesta fue *sí*. Creo que San Andrés o un ángel llamado Andrés estaba cuidándonos ese día y oí su nombre en la meditación para darme cuenta de que él me había devuelto a mi hijo. Mi esposo y yo estamos construyendo una casa y también estoy convencida de que es una señal que la calle se llame Camino de San Andrés. Creo en los ángeles y puedo asegurar que ese día, en Sidney, había uno junto a mí.

Con suerte de estar viva
Por Jinelle Markham

La mañana del 29 de diciembre de 2009 era fresca, soleada y despejada. Sin levantarme de la cama y sin haber despertado del todo, escuchaba que mi ángel de la guarda me hablaba. Sin embargo, no pude distinguir qué me decía su voz y continué con mi día normal.

Más tarde, de camino al trabajo, mi hermana pequeña me habló para preguntarme si estaba bien, había tenido un mal presentimiento. Le contesté, "No, todo está bien" y no pensé más en ello. No tenía idea de que su premonición no estaba equivocada.

Al salir de la autovía, el acelerador se quedó trabado, algo que jamás había pasado. Con nada pude destrabarlo y no vi nada que estuviera atorándolo. Así que pisé el freno de golpe justo antes de llegar a las vías del tren. Llena de pánico, puse el freno de mano con la esperanza de que el coche se parara un poco. Pues no.

Mi coche saltó hacia las vías sin control. Cuando vine a darme cuenta, miré hacia la izquierda y el tren no estaba ni a un metro de mi nariz. Estaba a punto de chocar contra mí a 50 kilómetros por hora. En cuanto lo vi, todo se volvió oscuro. Me desmayé incluso antes del impacto. Creo que los ángeles no quisieron que viviera esa experiencia traumática porque sentí como si me hubieran sacado de mi cuerpo.

Al volver en mí después del accidente, todavía estaba en el coche, sentí como si acabara de regresar del cielo, o como si siguiera ahí. Sentí que mi cuerpo estaba bien y en paz. No encuentro palabras para describir esa maravillosa sensación. Solo veía blanco y escuchaba que el mismo ángel que me habló en la mañana estaba hablándome al oído. Tampoco pude entender ni una palabra de lo que me decía, aunque seguramente fue algo como: "¿Ves? ¡Te dije que no fueras a trabajar hoy!" —pero dicho de la manera más amorosa, claro.

Conforme fui volviendo en mí, noté que tenía una chamarra sobre el cuerpo, ¡creo que los testigos del accidente creyeron que había muerto! Pero, cuando finalmente desperté, sentí dolor, mucho dolor. Poco después llegó la ambulancia.

Ese día tuve muchísima suerte. Salí por mi propio pie (más o menos) con un hombro dislocado, una clavícula rota y un golpe en la cabeza. La recuperación fue larga y difícil, pero tengo suerte, mucha suerte de estar viva. Voy a estar eternamente agradecida a los ángeles por haberme salvado la vida. Gracias a ellos puedo decir que tengo por delante una vida llena de cosas maravillosas. Los amo, ángeles. ¡Gracias!

Ayuda marina
Por Valerie Camozzi

Dos amigas y yo estábamos planeando un viaje a Costa Rica. En realidad éramos cuatro —tres adultos y un niño de nueve años—. Antes del viaje fui a una librería a ver la sección de viajes. Un libro sobre Costa Rica que estaba en el estante superior cayó frente a mí. Cuando lo levanté, me fijé que estaba abierto en la página donde daba consejos y advertencias sobre nadar en el mar. Advertía sobre las corrientes.

Compré el libro y me lo llevé al viaje. Después de leerlo, me preocupé de que el niño de nueve años nadara solo en el mar y le dije a las demás sobre las corrientes. Recuerdo que leí específicamente sobre qué hacer en caso de que te atrapara una y compartí la información.

Costa Rica era increíble, con diferentes paisajes, bosques tropicales, hermosas playas, monos, ranas y aves de colores vivos. Un día fui a bucear con *snorkel* con una de mis amigas. El color del agua era de diversos tonos de azul y muy clara, había muchos peces. Llevábamos un rato nadando y era tiempo de volver. Vi que mi amiga iba delante de mí hasta que casi la perdí de vista y sentí pánico cuando me di cuenta de que estaba nadando pero no avanzaba. Empecé a pensar que iba a ahogarme. Ya no veía a mi amiga —la había perdido de vista—. Intenté nadar hacia la orilla pero solo estaba agotando mis fuerzas y no lograba acercarme. Grité a la gente que estaba en la playa y les hice señas, pero estaba demasiado lejos.

De repente, apareció en mi mente la imagen del libro y la página donde advertía sobre las corrientes y el párrafo con las instrucciones de qué hacer si te atrapaba una. Pero estaba demasiado cansada por pelear contra la corriente como para procesar la información. El miedo a ahogarme y darme cuenta de que estaba ahogándome hicieron que el pánico se apoderara de mí.

Entonces escuché una voz de hombre que me decía exactamente qué hacer. Las instrucciones eran claras y directas. Las seguí y logré llegar a la orilla. Cada instrucción era repetida hasta que no la llevaba a cabo. Ya en la playa, me tiré sobre la arena y me quedé inmóvil hasta que tuve la energía suficiente para caminar a donde estaban mis amigas.

Estoy segura de que un ángel fue quien aventó el libro en la librería. Puse atención pero necesité más ayuda y el ángel me ayudó cuando estaba en el mar, diciéndome cómo ponerme a salvo. Me siento muy agradecida. Sé que un ángel me salvó la vida.

Capítulo 2

Visiones de ángeles

El regalo de la pluma de ángel
Por Kate O'Rielly

En 1998 estaba en Urgencias del hospital con un diagnóstico de neumonía. Me dieron todas las medicinas que se usan para combatir la enfermedad y me mandaron a casa con la instrucción estricta de que era muy importante guardar reposo en cama y que me tomara las medicinas. Cuando salí del hospital sentí que debía quedarme internada, pero no había camas disponibles. Al parecer, por mi edad y condición de salud, me recuperaría rápidamente en casa.

Esa noche, después de dar vueltas en la cama sin poder dormir por el ruido del vaporizador, finalmente lo logré. Exactamente a las 3:33, una presencia en mi cuarto me despertó. Primero pensé que era alguien de la familia que se había levantado. Cuando me di la vuelta en la cama, mi corazón se aceleró. En mi cuarto había dos cuerpos muy largos.

Sin palabras, ambas figuras me hicieron entender que estaban protegiéndome mientras dormía. Sabía que eran ángeles. Uno de ellos era masculino y medía como tres metros. Pero, ¿cómo cabía en mi cuarto una figura de tres metros (si el techo mide solo 2.40 metros)? Tenía una hermosa túnica color azul grisáceo y un rostro amoroso que me pareció sanador. El otro ángel era todo blanco. Su energía era suave y me cuidaba. Me recordó a los ángeles sobre los que leía cuando era niña: mitad plumas, mitad humanos. Estiré el brazo para tocarlos pero ya no estaban. Volví a caer en un sueño inquieto.

Cuando desperté en la mañana, me emocioné mucho por el "sueño" que tuve. Cuando mi hija y mi nieta entraron a ver cómo estaba, les conté mi visión de ángeles. Mi hija tenía edad suficiente para ser escéptica pero, mi nieta, de cuatro años, estaba maravillada y encantada con la historia. Cuando pasó la emoción, mi hija me ayudó a ir al baño. En ese momento, mi nieta comenzó a gritar emocionada. Estaba levantándome y vimos que tenía una pluma de 20 centímetros de largo en las piernas.

Las tres no supimos qué pensar. Yo no entendía porque en mi casa no hay nada que contenga plumas debido a las alergias. Mi hija se quedó muda y mi nieta bailaba de la felicidad porque un ángel nos había dejado un regalo. Dijo que sabía que el sueño no había sido un sueño porque los ángeles siempre visitan a la gente en las noches. ¡Claro que era un ángel!

Con cuidado quité la pluma de mi pierna y la puse en el altar de mi cuarto.

La noche siguiente me sentí peor, no mejor. Decidí que llamaría al doctor si no mejoraba pronto. Otra vez, a las 3:33 a. m. desperté por la sensación de una presencia en mi cuarto. Me volteé... ¡y los ángeles estaban ahí! Los miré parados frente a mí y la figura masculina me preguntó si estaba lista para irme con ellos al cielo. Me llené de gozo al oírlos hablar y por la invitación a irme con ellos.

Los ángeles dijeron que estaban para ayudarme a decidir si me quedaba o no viviendo en mi cuerpo. Pensé en los proyectos que tenía y en los asuntos inconclusos en mi vida. Nada me pareció más importante que irme con los ángeles. El amor y la contención que emanaban eran tan agradables, que quería sentir más. Pero, de repente, pensé en mis siete nietos. Si me iba con los ángeles en ese instante, nunca tendría la oportunidad de despedirme y de abrazarlos y besarlos por última vez. Le dije a los ángeles que, por el momento, quería quedarme en el plano terrenal.

Me dijeron que si decidía quedarme, solo permanecería viva si me iba en ese momento al hospital. Desaparecieron tan repentinamente como llegaron. Mi hija mayor me llevó al hospital. Resulta que la neumonía había empeorado y los doctores dijeron que llegué al hospital justo a tiempo.

La siguiente madrugada desperté a las 3:33 con la esperanza de ver a mis ángeles, pero no estaban. Pensé que se habían confundido porque estaba en el hospital. Me sentí triste al pensar que no volvería a verlos y me pregunté cómo volver a atraerlos. Me di cuenta de que debería haberles hecho más preguntas. Sentí que había desperdiciado una oportunidad y cuestioné mi decisión de no irme con ellos. Lloré como si hubiera perdido a amigos de años.

En la mañana fueron a visitarme mi hija y mi nieta. Yo no había mencionado a los ángeles desde el incidente con la pluma. Estaba débil y quería ahorrar energía para sentirme mejor. Mi hija también tenía sus problemas y no quise preocuparla. Cuando hablamos de mi experiencia en el hospital, mi hija recordó algo de esa madrugada. Dijo que también se despertó a las 3:33 y tuvo una fuerte sensación sobre una decisión importante que debía tomar. Estaba asombrada por haber comprendido qué hacer en medio de un sueño profundo. Pero ahora había tomado una decisión —después de muchos meses de pensarlo, ahora sabía qué hacer.

Sonreí. Mis ángeles no se habían ido, seguían conmigo y con mis seres queridos. Hasta la fecha, agradezco profundamente el regalo de la pluma de ángel.

El poderoso amor de nuestros ángeles
Anónimo

Estaba trabajando como profesora asistente. El primer día de clases nos sentamos en círculo e hicimos un ejercicio para conocernos. Siguiendo el orden del círculo, cada uno decía algo sobre sí mismo. Ya había pasado mi turno y, cuando le tocó a una mujer que estaba cerca de mí, a mi izquierda, vi dos ángeles.

Cuando empezó a hablar vi algo que al principio me pareció como las ondas de calor que se desprenden del asfalto en un día caluroso. El aire que la rodeaba parecía moverse así, se puso de muchos colores y se convirtió en dos pares de alas grandes de color azul. Después vi cómo se formaban dos seres unidos a las alas. Eran dos y estaban a ambos lados de ella. Si hubiera levantado la mano, su brazo completo hubiera estado dentro de ellos.

Todo esto sucedió en un segundo y tuve que mirar dos veces, lo cual devolvió mi conciencia a lo que estaba pasando y ya no pude verlos. Me quedé tan sorprendida. Fue como en un episodio de la vieja serie Hechizada en donde todos se quedaron congelados, solo que yo era la que se congeló y todos los demás siguieron hablando. No oía nada de lo que decían. Fue como si me hubiera suspendido en el tiempo un momento, tratando de recuperar el aliento, pero en la misma vibración que esos milagrosos seres hermosos. Y, aunque ya no pude verlos, sentí el enorme amor que los ángeles sentían por esa mujer.

A muy poca gente le he contado esta historia y el relato se queda corto. Es muy difícil recrear los sentimientos que tuve en esa experiencia. De hecho, ahora que estoy recordándola, vuelvo a llorar sabiendo que los ángeles están a nuestro alrededor y nos aman más de lo que las palabras pueden expresar.

VOLVÍ A SENTIRME A SALVO
Por Greta Guldemont

Fui víctima de una terrible violación. Una noche, ya era tarde cuando un desconocido se metió a mi departamento mientras yo estaba dormida. Han pasado dos años y, aunque me cambié a otro estado y vivía con mi esposo, todavía tenía pesadillas horribles donde gente mala me perseguía y quería hacerme daño. Casi todas las mañanas me despertaba exhausta.

En la víspera de Navidad vi *Milagro en la Calle 34* y estaba soñando con la película cuando oí una voz que me preguntaba "¿Estás bien?". Era una voz de hombre y sus palabras llenaron mi cuerpo con una calidez y una tranquilidad indescriptibles. Abrí los ojos y vi una figura masculina a los pies de nuestra cama, mi esposo estaba dormido junto a mí.

En cualquier otro momento, ver a un extraño en mi cuarto me hubiera dado pavor (como resultado de la experiencia que viví). Pero me quedé acostada, sintiéndome en paz y feliz como nunca y disfrutando de la sensación de calidez en mi cuerpo. Volvió a preguntarme si estaba bien y sentí esa increíble calidez a través de mi cuerpo cuando le contesté que sí.

Me dijo que él me cuidaba y recuerdo que sonreí y me quedé dormida en un maravilloso sueño sanador. ¿Fue un ángel visitante del cielo o el alma de mi papá que murió cuando yo era un bebé? Da igual, ¡después de esa noche no volví a tener pesadillas! Estoy muy agradecida por esa experiencia.

El entrenador angélico
Por Terri Walker

Steven, mi hijo de 11 años, decidió entrar a un equipo de béisbol durante el verano después de haber jugado fútbol por muchos años. La mayoría de los niños del equipo llevaba años jugando y eran muy buenos. Steven jugaba bien, pero se quedaba pasmado en el plato y no movía el bate para pegarle a la pelota. Obvio decir, lo ponchaban mucho. En las prácticas lo hacía muy bien, pero durante los partidos se ponía muy nervioso.

Un día estaba en las gradas viéndolo jugar. Ya llevaba dos *strikes* y estaba colocándose en el plato otra vez. Me di cuenta de que su autoestima estaba por los suelos y yo quería que le pegara a la pelota. Decidí pedirle a sus ángeles que le ayudaran a hacerlo y a llegar a primera base.

En ese momento vi un ser angélico inclinado sobre el hombro de Steven mientras se paraba en el plato. El ángel volteó a verme y me hizo una seña de que todo estaba bien mientras me sonreía. ¡No podía creer lo que acababa de ver! Volteé a ver si alguien se había dado cuenta, pero nadie lo vio. En ese instante escuché un golpe. Steven le había pegado a la pelota y la mandó entre la primera y la segunda base, directo al campo derecho. Corrió hasta segunda base, se robó la tercera y corrió a home. ¡Su carita de felicidad fue lo mejor! Me sentí muy orgullosa de él.

Cuando terminó el partido le conté del ángel y me dijo: "Supe que algo maravilloso había pasado porque sentí que alguien detenía el bate y me decía 'abanica' ¡y lo hice!".

Esto muestra que los ángeles quieren ayudarnos y solo tenemos que pedirlo. Ahora, Steven habla todo el tiempo con sus ángeles.

TARA, MI ÁNGEL SANADOR
Por Robin Ann Powell

Era finales de noviembre de 1998 cuando una querida amiga me mandó el libro de Doreen, *Sanación con los ángeles*. Me puse muy contenta porque no estaba bien de salud. Todos los remedios para sanar que probaba solo parecían funcionar alrededor de seis meses. Antes de recibir el libro, los ángeles solo eran objetos bonitos para mí. Por toda la casa tenía adornos de ángeles que me habían regalado, pero nunca había visto ni escuchado a ninguno y tampoco me habían sanado.

Recuerdo que la primera vez que leí el libro de Doreen me quedé dormida como media hora después y no pasó nada extraño. Unas tres semanas después, me dolían los riñones. Un año antes tuve una infección en la vejiga y no podía curarla. Resultó que era una grave infección renal y tuve que tomar antibióticos para bajar la fiebre. Finalmente la infección salió de mi cuerpo. Y ahora, era 12 de diciembre de 1998 y los riñones me dolían de nuevo.

Esa mañana, mi esposo y yo no estábamos llevándonos muy bien, así que le pedí que se sentara en el sillón conmigo antes de irme a trabajar. Nos tranquilizamos y yo tenía los ojos cerrados. Unos segundos después vi a un ser hermoso. Tenía el cabello negro largo y un vestido blanco largo. Me dijo que se llamaba Tara y que durante todo el día iba a poner sus palmas —con los dedos extendidos— sobre mis riñones. Lo haría mientras yo iba a estar vendiendo zapatos en la tienda departamental en donde trabajo. También me dijo que era un ángel femenino de tierra. Abrí los ojos llena de asombro.

Le conté a mi esposo lo que había pasado y nos quedamos sentados asombrados. ¿Fue una experiencia real o solo mi imaginación? Me fui a trabajar llena de emoción, con la esperanza de que Tara me curara los riñones. Y, unas horas más tarde, ¡el dolor desapareció!

Ya pasó un año y nunca he vuelto a sentir dolor, y ¡sé que jamás volveré a sentirlo! Estoy segura de que el libro de Doreen me ayudó a traer a mi ángel.

Angélica
Por Charles F. Turpin

Era viernes en la noche y estaba en el trabajo, subí los seis niveles para llegar a la pequeña área protegida donde trabajaba con maquinaria. De la nada, sentí un fuerte dolor en el pecho y recosté la cabeza sobre mi escritorio. Pero el dolor aumentó y era muy fuerte. Le grité a mi ayudante, que estaba abajo, para que me ayudara, pero no me oía.

Volteé a ver a la ventana y vi a una persona —era una mujer—. No se parecía a nada que hubiera visto en la iglesia ni en la televisión. Estaba afuera de la ventana del área donde trabajo, ¡a casi 20 metros de altura!

Sus ojos azules brillaban, pero no era un color común ni de los que salen en las películas de ciencia ficción, eran hermosos. No traía la típica túnica con la que te imaginas a los ángeles, estaba desnuda. Su piel era lo más blanco que había visto, tan blanca que ocultaba los detalles de su cuerpo.

Tenía el cabello rojo y largo, se movía por el lento movimiento de sus alas, que no eran como de paloma, sino como de gorrión.

No me saludó, ni tenía un halo a su alrededor, como en las películas. Era un ser o un alma real. Traté de levantar la cabeza pero se acercó a mí, me puso la mano sobre la cabeza y la volteó para que pudiera verla mejor. Solo me miró. No abrió la boca, sino que me habló con la mente. Me dijo: "Todavía no es hora". Y, por alguna razón, le pregunté: "¿Cómo te llamas?", y contestó: "Angélica".

Cerré los ojos y cuando los abrí, era hora de irme. Me fui manejando a mi casa y mi esposa me llevó al hospital. Me hicieron pruebas y resultó que tuve un infarto ese día. El lunes en la mañana me hicieron otra prueba y resultó que mi corazón estaba milagrosamente sano. Desde entonces, también sobreviví al cáncer, aunque me habían dicho que solo tenía un diez por ciento de posibilidades de sobrevivir. Siento que Angélica todavía sigue aquí, ayudándome a sobrevivir.

EL ÁNGEL DE MI PROPÓSITO DE VIDA
Por Pia Wilson

He estado meditando y haciendo escritura automática para conocer mejor a mis ángeles de la guarda. Descubrí que el que me ayuda a cumplir mi propósito de vida se llama Jim. En ese tiempo sentía que mis metas no estaban llevándome a nada y me sentía frustrada. Le reclamé a Jim por no esforzarse más por mí.

Esa noche tuve un sueño, y fue uno de los que se sienten más que reales. En el sueño hablaba con un amigo de carne y hueso que también se llama Jim. Estábamos bromeando como siempre, pero su reacción no era la de siempre. Me enojé con él... y noté algo. Sus ojos eran diferentes. Y, aunque por fuera se parecía a mi amigo Jim, en realidad era otra persona. Sus ojos eran más grandes y ocupaban más espacio en su cara, sus mejillas estaban demasiado elevadas.

Me di cuenta de que se trataba de mi ángel, Jim, lo cual explicó la falta de humor. Gracias a mis meditaciones y a la escritura automática que he hecho, sé que mi Ángel Jim es muy serio. Me llevó a un lugar donde había cientos de "personas" sentadas delante de computadoras. Jim estaba enseñándome que esos ángeles trabajaban con él para ayudarme a cumplir mi propósito de vida.

En los últimos meses, Jim ha seguido apareciéndose en mis sueños en épocas en las que tengo grandes logros en mi trabajo. Siempre me siento muy bien después de que sueño con él e incluso ha hecho que el ángel del romance se comunique conmigo en sueños. Los ángeles son una maravillosa fuente de amor, guía y consejo. Ahora no puedo imaginarme vivir sin ellos.

Un ángel en la carretera
Por Perry Koob

Era 1996, yo tenía dieciocho años y vivía en Los Ángeles. No estaba yendo a la escuela porque el año anterior me habían expulsado por pelearme. Trabajaba poniendo gasolina en una gasolinera y tenía muy pocas expectativas. Cuando mi padrastro me pidió que ayudara a mi madre a llevar una pequeña granja en Misuri, le dije que no tenía nada qué hacer, así que claro que acepté.

Avisé en mi trabajo y dos semanas después me embarqué en un viaje para recorrer medio país en un Chevrolet Corvair que mi padrastro me compró para el viaje. Llevaba una caja de remolque de una rueda con algunas cosas para mi madre.

En la carretera no había límite de velocidad a 85 kilómetros por hora y yo aproveché ese detalle. Iba entre 130 y 145 kilómetros por hora y cuando frenaba, las luces del freno hacían que la lona del remolque se viera de color rojo. Iba bajando por una pendiente muy pronunciada y llevaba el pie en el freno. Miré por el retrovisor y me pareció ver a una mujer sentada en el remolque, sonriéndome. Volví a mirar hacia la carretera. Bajé el vidrio pensando que si el viento me daba en la cara, volvería a ver con claridad.

Volví a mirar por el espejo, pisé el freno y ahí estaba. La veía claramente con las luces del freno, aunque la luz fuera roja. Vestía una larga túnica holgada y tenía la cabeza cubierta con una mantilla. Seguía sonriéndome y entonces me saludó con la mano. Pensé: *Perry, ahora sí que estás muy mal.*

Reuní todo el valor que pude y me orillé justo antes de una curva pronunciada. Recargué la cabeza en el volante, apreté los dientes y me bajé del coche. En cuanto puse un pie en el suelo, me caí. Resulta que la carretera era como una enorme alfombra de hielo. Me levanté agarrándome del coche y caminé —o más bien, patiné— hacia el remolque. Levanté la lona pero no había nadie. Me quedé helado.

Justo entonces, apareció la luna, que había estado escondida detrás de unas nubes, e iluminó el desierto más abajo. La luz de la luna me dejó ver unas diez cruces que formaban una fila perfecta, señalaban los lugares donde unas personas salieron de la carretera y murieron.

Hasta la fecha busco a esa hermosa señora. Solía sentir que estaba a mi lado, pero ya no, y extraño sentirla conmigo.

El ángel que me arropó
Por Angie Chiste

Tenía dieciocho años en 1986, trabajaba como mesera en una cafetería 24-horas en un pequeño pueblo de Canadá, muy lejos de mi familia. Los empleados nos quedábamos en un viejo hotel, cada uno tenía habitación privada con cerraduras que se activaban de manera automática al cerrar la puerta, como en la mayoría de los hoteles.

Un día salí a las 6 de la mañana, después de trabajar toda la noche. Me fui a mi habitación para dormir un poco. Estaba tan cansada que me tiré en la cama sin quitarme el uniforme ni los zapatos. Un rato después, me desperté al sentir que me quitaban los zapatos. Levanté la cabeza y vi a una mujer transparente vestida de luz. Me quitó los zapatos y me tapó cariñosamente con la cobija. Volví a acostarme sabiendo que iba a cuidarme mientras dormía. No sentí miedo.

Cuando desperté estaba bajo las cobijas y mis zapatos bien acomodados en la esquina. Sabía que nadie había entrado a mi habitación porque la puerta se había asegurado de manera automática en cuanto la cerré. Fue un ángel que me cuidó después de un largo turno en el trabajo.

El día que vi ángeles
Por Laura Weintraub

Era un martes cualquiera en la mañana, yo preparaba a los niños para ir a la escuela. Mi hijo Aaron es el dormilón de la familia y, por lo general, es difícil hacerlo salir de la cama. Siempre es el primero al que despierto porque entra una hora antes que Alexander, mi otro hijo.

Para cuando Aaron por fin bajó, apenas le quedaban diez minutos para desayunar. Las mañanas siempre se le dificultan, es como si arrastrara una gran piedra. Y para colmo, empezó a molestar a su hermano.

Hacía poco que empecé a estudiar "Un curso de milagros" y estaba aprendiendo mucho sobre mí y los demás. Veía que mis hijos suelen molestarse el uno al otro, siempre tratando de ganarle al hermano. Empecé a hablarle a Aaron, le pregunté por qué estaba molestando a Alexander. ¡Era como si sacara sus frustraciones con él! Aaron habló sobre la escuela y que sentía que no le caía bien a los demás niños. Sabía que, cuando uno de mis hijos se siente mal por dentro, tiende a descargarlo en su hermano, así que intenté ayudar a Aaron a averiguar cuál era el problema.

En ese momento, mi esposo entró de prisa a la cocina y me dio una palmadita para que me apurara y llevara a Aaron a la escuela. Sentí como si estuviera atacándome y me permití sentirme lastimada. Me fui a mi cuarto y lloré. Entonces, me di cuenta de que yo había elegido sentirme atacada y lastimada. Si hubiera decidido percibir de manera diferente las acciones de mi esposo, el resultado habría sido otro. Me di cuenta de que puedo cambiar mi percepción en el momento que quiera. Tardé un par de horas en perdonar a mi esposo y olvidar el asunto, pero lo hice, pues no quería sentirme así el resto del día.

Recé y medité. Le pedí a Dios que nos diera paz a mi familia y a mí, que me ayudara a perdonar a mi esposo, a mis hijos y, sobre todo a mí. Tenía que soltar y dejar que aprendieran sus lecciones por sí mismos, sabiendo que Dios y los ángeles también están con ellos. Ya no necesitaba que debía tener todo bajo control.

Cuando estaba sentada rezando en mi cuarto oí un golpecito en la ventana. Pensé que había sido un pájaro. Pero, para mi sorpresa, vi que el cielo estaba lleno de ángeles. ¡Estaban por todos lados! Empecé a llorar de alegría. Tenía muchas ganas de ver ángeles y no sabía ni cómo ni cuándo los vería. Me di cuenta de que debía liberarme de cualquier pensamiento de "ataque" para experimentar su presencia. Me di cuenta de que están a nuestro alrededor en todo lo que vemos y que ¡no estamos solos!

A mediodía, Alexander y yo fuimos a comprar algo para comer después de la escuela. Estaba cantando una canción que sonaba en la radio cuando mi hijo dijo: "¡Mami, una cara está viéndome!". Y con el dedo señaló al cielo. "¿Es un ángel?", preguntó. Yo estaba sorprendida y exclamó: "¡Ahí hay otro y otro y otro!".

"¡Sí!", le dije mientras lloraba. Era un milagro. ¡Estaba viendo exactamente lo que yo vi esa mañana!

Alexander estaba emocionado y dijo: "Se lo voy a contar a Aaron. Pero, ¿y si no me cree?".

Le dije que no se preocupara y recé: "Por favor, Aaron, esta vez no le hagas burla". En cuanto llegamos a la casa, Alexander corrió a decírselo a su hermano. Escuché que decía: "Aaron, ¿qué crees? Vi a un ángel viéndome ¡y luego vi tres más!".

Aaron le dio una palmadita en la espalda y le dijo: "¡Qué *cool*, hermano!". Sonreí y lloré de emoción mientras ellos se abrazaban.

Fue un día especial, siempre lo recordaré. ¡Fue el día que vi ángeles! Desde entonces siempre estoy consciente de su presencia, del amor Divino, y de que me protegen, a mi familia y a todos.

Un ángel me ayudó a encontrar mi nombre verdadero
Por Uma Bacso

Desde que tengo memoria, nunca me gustó mi nombre, Nancy Jane. Intenté con Nancy, Jane, Nanny, pero nada sonaba a "mí".

Un día, sentada frente al espejo de mi habitación, decidí meditar sobre el asunto. Después de hacerlo un rato con los ojos cerrados, decidí seguir la meditación con los ojos abiertos, y en el espejo vi a una hermosa mujer con cabello largo negro. Le pregunté, "¿Cómo te llamas, cómo te llamas?".

La oí decir: "Tu nombre está relacionado con algo claro". (En ese tiempo, tenía el cabello claro). Me quedé un rato sentada y después empecé a vestirme. Un minuto después, mi cuerpo empezó a moverse hacia mi librero y escuché que la mujer me decía: "Tu nombre está en uno de estos libros".

Sentí que mi brazo se levantaba mientras caminaba hacia el librero. Estaba completamente extendido y agarré el libro que tenía justo delante de la mano. Era *Autobiografía de un Yogui*, de Paramahansa Yogananda. Pasé las páginas del libro y me pareció que el nombre Uma resaltaba varias veces. Pensé: *qué nombre tan raro.* Unas horas después fui a clase de yoga y le pregunté al instructor: "¿Qué significa *Uma* en sánscrito?".

Dijo que Uma era la diosa del sol naciente. Me quedé muda un instante al recordar que la mujer del espejo me dijo que mi nombre tenía que ver con algo claro. En ese momento me enamoré de mi nuevo nombre: Uma.

Una gran sanación en tiempo de dolor
Por Jennifer Helvey-Davis

Siempre fui muy pegada a mi abuela. Mi mamá era madre soltera, así que muchas veces viví con mi abuela. Definitivamente, era un factor de estabilidad en mi vida y siempre estaba cuando la necesitaba.

A los diecinueve, me regresé a vivir con ella y mi abuelo. Una noche, cuando tenía 21, tuve un horrible sueño sobre una víbora en mi cama. Fue tan horrible que desperté a mi abuela y la hice ir a sentarse a mi cama mientras volvía a quedarme dormida. En la mañana, la encontré muerta en el sillón. Fue un hecho traumático y me sentía rebasada por el dolor.

De rodillas, frente a la tumba de mi abuela, miré al cielo y maldije a Dios. Le dije que quería a mi abuela conmigo. El cielo estaba un poco nublado y me dolían los ojos por tanto llorar.

En ese momento, apareció una "cosa" delante de las nubes. Era como una estrella que venía del centro, pero era gris, casi del mismo color que las nubes. Estaba segura de que era mi imaginación. Me levanté y una imagen salió de la estrella, y me quedé sin aire.

Era un ser con cabello largo peinado de raya en medio y una característica bata con el cinturón anudado en la cintura. Tenía las manos estiradas a los lados con las palmas hacia arriba. No le vi la cara, pero sus maravillosas alas apuntaban hacia el cielo, se veían fuertes y sólidas. Sentí que me desmayaba, me dejé caer sobre las rodillas y dije: "Eres real... estás aquí".

Era el ser más poderoso que había visto. Estaba de pie sobre la estrella y me hizo sentir que ejercía una gran influencia sobre mi vida. Tenía miedo pero, a la vez, me sentía maravillada.

Aunque no era fácil distinguirle las alas, sabía que era un ángel. Me pareció obvio por las alas y las manos. Dije: "Eres un ángel". Lloraba y no podía creer lo que estaba viendo. El ángel se percató de mi presencia y afirmó con la cabeza.

A una velocidad increíble, sus alas regresaron a su lugar. Eran veloces y fuertes y emitieron un sonido cuando se movieron. El sonido me asustó, pero no me moví. Si el ángel hubiera estado sobre el suelo, habría medido más de dos metros, por lo menos, y las alas habrían sido más grandes todavía.

La escena fue tan intensa que tuve que parpadear. Cuando volví a mirar hacia las nubes, solo quedaba la forma de la estrella, sin el ángel. Traté de ver mejor pero me dolían los ojos por tanto que había llorado. Vi el suelo de la tumba de mi abuela y me pareció que el pasto había formado una figura. Era más oscuro en unos pedazos que en otros. Después de mucho esfuerzo, logré distinguir la forma de un ángel.

Puse la rosa que llevé para mi abuela sobre el ángel, sabía que ella estaba en ese lugar místico de donde había venido el ángel. Totalmente sorprendida por lo que había pasado, caminé hacia el coche y dibujé al ángel en un pedazo de papel. Me fui del panteón con una extraña sensación de calma y paz que no había tenido desde antes de que mi abuela muriera. Siempre que me siento estresada o inquieta dibujo a ese ángel y siempre hace que me sienta mejor.

VISIÓN ANGÉLICA DE LA MATERNIDAD
Por Sharon Blott

Cuando tenía 27 años pasaba por un momento muy difícil en mi vida. Tenía depresión, había terminado una relación de seis años en la que tenía puestas todas mis esperanzas y mis sueños y no sabía hacia dónde ir. Recuerdo que le decía a mi mamá que sentía que estaba muerta por dentro y no estaba segura de que esa sensación se terminara alguna vez. Estaba a la mitad de un posgrado y me acababan de informar que no iba a poder tener hijos.

Mi mamá me invitó a irme dos semanas a Cabo San Lucas, Baja California, con ella, mi tía y su esposo. Al principio me negué, pero terminé yendo ante su insistencia. La primera semana pasó sin nada qué resaltar, pero fue una buena manera de escapar de la rutina.

Sin embargo, durante la segunda semana en México, tuve lo que solo puedo llamar una experiencia espiritual muy profunda. Una noche de luna llena y marea alta en la playa, el cielo se abrió sobre mí y me bañó una gloriosa luz dorada que irradiaba una calidez y un amor que jamás había experimentado. Vi y escuché ángeles y sonaba una música muy dulce. Los ángeles eran seres radiantes, con cabello largo y me pareció que había cientos, pero solo pude ver a dos o tres. Emanaban amor y paz, eran intensos y llenaban lo más profundo de mi alma.

El recuerdo más vivo que tengo es de unas voces de niños que me llamaban: "Mami, mami". Supongo que fue durante uno o dos segundos pero, para mí, fue como una eternidad, y quería que no terminara jamás. Sentí que estaba en casa.

De regreso de la vacación, el doctor me dijo que la condición que evitaba que tuviera hijos había desaparecido. También habían desaparecido mis miedos y, de repente, dejaron de importarme las posesiones materiales. Me costaba trabajo estar dentro de mi cuerpo físico.

Añoro esa sensación de estar en casa. Ocho meses más tarde conocí a mi esposo y hoy tenemos dos preciosas hijas, de seis y dos años. Nunca olvidaré que son mis milagros y que, hace diez años, en Cabo San Lucas, volví a nacer y esa experiencia me cambió para siempre. Hace dos meses vi un anuncio de la venta de una propiedad en Baja California. Mi esposo y yo compramos un terreno —es mi sueño hecho realidad.

Angora, el ángel de la paz
Por Dianne SanClement

Durante casi toda mi vida adulta he rezado pidiendo que se me aparezca un ángel. Cuando tenía 45, me di cuenta de que no podía estar ni un día más en un empleo que no me llenaba. Soñaba con irme y me preguntaba cómo podía hacerlo. Estaba casada, teníamos una hipoteca y pensaba miles de razones por las cuales seguir recibiendo mi sueldo.

Un día desperté a media noche por el sonido de unas campanitas y la voz de un ángel que susurraba: "Dianne, no estás en la Tierra para jubilarte de la compañía de aviación". Me quedé pasmada, sabiendo en el fondo de mi corazón que había algo mucho más importante que debía hacer. Sabía que estaba en la Tierra con un plan Divino, pero tenía miedo porque no recordaba qué era.

Las voces se volvieron más insistentes y me puse a leer libros sobre ángeles. Decidí llevar un diario de todos mis pensamientos y de los mensajes que recibía. No pasó mucho tiempo antes de darme cuenta de que estaba guiándome un poder más grande que yo y no tenía elección. Para que mi alma pudiera vivir, para que mi luz pudiera brillar, no tenía elección —tenía que irme de la empresa—. El ambiente estaba ahogando mi alma.

El 3 de marzo de 1995 dejé el trabajo, que ya no me satisfacía, sin idea de qué iba a hacer. Recé para recibir guía y para aprender a confiar.

Empecé a escribir cada mañana todos mis pensamientos, mis miedos, mis alegrías y todo lo que hubiera en mi mente. Ahora podía sentarme el tiempo que quisiera a escribir. Era maravilloso. Pasó poco tiempo antes de darme cuenta de que la información me llegaba a través del papel en el que escribía. Leía lo que había escrito y me extrañaba. Primero me sorprendí, igual que me sorprendieron los susurros en mis oídos. Con el tiempo descubrí que era un gozo y descubrí la relación que estaba estableciéndose con mis ángeles. Cuando ellos me pasaban información, siempre terminaban con: "Amor y Luz, Tus Ángeles". Nunca tuve miedo por esa experiencia, pero nunca se lo conté a nadie.

Pasaron unos años y nos mudamos a Isla Camano, cerca de Seattle. Por primera vez en mi vida, vivía entre árboles, bosques y jardines. Durante 48 años había vivido rodeada de cemento y edificios altos. Siempre recé por que viviéramos algún día en el campo. Durante el primer verano trabajé en el jardín con las manos en la tierra, y me encantó. Cuando llegó el invierno, me di cuenta de que había pasado cinco meses entre la naturaleza y, por primera vez en la vida, había establecido una conexión con la Madre Tierra. Mi esposo construyó un lugar en donde podía meditar y estar cerca de todas las criaturas, los árboles y la tierra.

El 1 de julio de 1998, leyendo en mi tranquilo jardín, noté algo dentro de mi campo de visión. A quince metros de mí había una mujer de pie, vestida de blanco, con un largo cabello dorado que brillaba. Parecía que brillaba completa y el campo que la rodeaba vibraba. Me quedé mirándola y dijo: "Hola, me llamo Angora. Soy el ángel de la Paz. Tengo mucha información qué compartir contigo".

En ese instante, me levanté de un brinco, corrí a la casa por papel y pluma, y regresé al jardín para escribir todo lo que me dijera. Pasaron unas horas antes de que me dijera que tenía que irse, pero que no me preocupara porque se encargaría de despertarme a las 4:44 de la mañana. Que tuviera listo el papel y la pluma para escribir todo lo que me dijera. Acudí a nuestra cita y hemos estado en contacto desde entonces.

Ahora pasan semanas sin que recuerde escribir. Pero Angora, bendita, siempre está conmigo. Platico mucho con ella. Cuando le pido que me ayude, me guía paso a paso. Angora me ha enseñado mucho sobre el universo y me ha dado el regalo de la comprensión. Me ha dado la fuerza para hacer cosas que antes no me hubiera atrevido.

Solo esa vez la vi físicamente. Soy consciente de su presencia, la oigo con el pensamiento... y lo más importante, la escucho. Te aliento a que abras tu corazón y estés pendiente de escuchar esa voz. Los ángeles están esperando que los invites. Te aman. Confía y abre los brazos, recibirás amor y guía.

Capítulo 3

Ayuda de extraños misteriosos

ÁREA DE DESCANSO DE ÁNGELES
Por Kathleen Smith

Iba por una carretera secundaria y era muy tarde. Necesitaba ir al baño pero no había ningún restaurante o gasolinera. Cuando llegué a un área de descanso, de verdad que no tenía otra opción más que detenerme y dije una oración rápida para que me protegieran. Entré al baño de mujeres y dentro había un señor grande con ropa para lluvia: gorro, pantalones, guantes y botas. Dijo: "¡Ay! ¿Me equivoqué de baño?", y empezó a caminar hacia mí.

Percibí un fuerte olor a flores y literalmente sentí que, lo que tenía que ser un ángel, me levantaba y me "deslizaba" hacia afuera. Estaba un poco sorprendida pero no sentí miedo ni molestia. En ese momento llegó un coche y se bajaron tres parejas. Sentí alivio. Pensé que seguramente eran ángeles encarnados... eran muy delgados, de tez oscura y muy bien vestidos, parecía que brillaban. Hablaban un idioma extranjero y tenían la voz aguda y melodiosa. Nunca había oído el idioma que hablaban. Su coche parecía como del futuro, no había visto nada parecido. Creo que los ángeles querían que me diera cuenta de que era una intervención divina.

Vi que el hombre del impermeable estaba lejos, en la otra acera —seguramente salió del baño por la otra puerta—. Me sentí muy tranquila y a salvo, entré al baño con las mujeres. Cuando salimos, el señor del impermeable estaba hablando con uno de los hombres, quien me saludó con la cabeza cuando pasé junto a ellos de camino a mi coche.

Sé que el señor del impermeable tenía la intención de lastimarme, pero solo tengo sentimientos positivos asociados al incidente. Esas vacaciones habían sido difíciles y esa experiencia me dio mucha paz y esperanza sobre mi futuro. Ahora sé con certeza que los ángeles existen y nos protegen. Hacen milagros y pueden salvarnos la vida. Me siento bendecida y ahora soy una trabajadora de luz dedicada a ayudar a los demás y al planeta.

El ángel de la guarda de Alec
Por Diane Bridges

Cuando Alec, mi hijo, tenía dos años, estábamos remodelando la casa. Los trabajadores me pidieron que fuera a *Duke's* a traerles hamburguesas. Me llevé el coche nuevo de mi esposo, no estaba acostumbrada a manejarlo. Tenía la palanca de velocidades entre los asientos. Alec vino conmigo. Llegamos a *Duke's* y lo dejé en su sillita, cerré el coche y caminé como tres metros hacia la ventanilla para pedir las hamburguesas.

De repente, vi que Alec se inclinaba y movía la palanca. El coche empezó a moverse pues el restaurante estaba en una pendiente. Corrí al coche, traté de abrirlo pero no logré que dejara de avanzar. Esas historias de madres que levantan enormes piedras y árboles por la adrenalina no fueron lo que me pasó. Yo no pude detener el coche y ya estaba sobre la avenida.

Estaba histérica pero seguía corriendo junto al coche tratando de abrirlo. De repente, el coche se detuvo. Miré y un hombre estaba deteniéndolo por detrás. Me dijo que lo abriera, que me metiera y encendiera el motor. Así lo hice, regresé al estacionamiento y me bajé para agradecerle... pero ya no estaba. ¡Nunca vi de dónde salió ni a dónde fue!

EXTRAÑO EN LA CARRETERA CONGELADA
Por Susan Daly

Cuando trataba de agarrar la cadena que se había caído de su coche, mi esposo Clark se resbaló sobre un área de hielo. Se las arregló para subir la colina y llegar a nuestra casa, pero cayó al suelo y se retorció del dolor. Se había lastimado la espalda al caer.

De inmediato llamé al seguro y pedí una ambulancia para llevarlo al hospital. Me dijeron que con gusto mandaban una, pero si Clark no estaba herido de gravedad, tendríamos que pagar 500 dólares. Yo no sabía si mi esposo estaba "herido de gravedad" y, como no me sobraba el dinero, decidí llevarlo en el coche con mi hijo Scott.

Íbamos en un tramo con mucho tráfico y Clark sintió náuseas, así que tuve que orillarme al arcén. Después comencé a cuestionarme si valía la pena meterme al tráfico, que avanzaba rápidamente. La noche estaba muy oscura y cuando vi que se abría un espacio entre las luces delanteras de los coches, empecé a maniobrar e incorporarme al carril, solo para darme cuenta de que las llantas no tenían tracción por la nieve. Scott abrió la puerta corrediza de la camioneta y trató de empujar pero las llantas solo giraban sin agarre y no avanzábamos.

El espacio vacío en el tráfico se había convertido en otra hilera de luces delanteras. Intenté llegar a un área donde quizá habría más tracción, pero la camioneta seguía sin moverse. Recargué la cabeza en el volante y dije: "¡Dios, necesito ayuda ahora!".

Un instante después, un coche se detuvo en el carril derecho de la avenida, como a tres metros detrás de mi camioneta. Tenía los faros encendidos, pero no las intermitentes para indicar a los demás coches que estaba parado. Detrás de él se formó una gran hilera de coches y los demás carriles sí avanzaban. El asfalto estaba resbaladizo, así que fue espectacular que todos esos coches lograran frenar sin que hubiera accidentes. Si el camino hubiera estado seco, de todas maneras habría sido un milagro.

Vi que una persona se bajaba del coche que se había detenido. Me pareció de estatura media, con pantalones (quizá *jeans*), una chamarra corta, guantes y una gorra tejida. No logré verle la cara pues las luces estaban detrás de él y solo veía una sombra. Supe que iba a ayudar a mi hijo a empujar, así que aceleré y me concentré en mover la camioneta a un lugar donde tuviéramos agarre suficiente como para avanzar sin ayuda.

Cuando sentí que la camioneta ganaba velocidad, le grité a mi hijo que se metiera, temía que se atorara de nuevo si frenaba para que se subiera. La preocupación por mi hijo entrando a un vehículo en movimiento hizo que me olvidara de la persona que nos ayudó. Concentrada en los cambios de velocidad y en evitar pegarle a la valla de contención, no bajé la ventana para agradecer a nuestro salvador.

Más tarde, le pregunté a Scott si le había dado las gracias al hombre que nos ayudó a empujar y contestó: "¿Quién? No había nadie ayudándome a empujar. ¡Lo hice yo solo". Scott, a sus quince años, estaba convencido de que tenía la fuerza necesaria como para empujar la camioneta solo.

Me hubiera gustado tanto darle las gracias a esa persona pero en realidad no creo que se tratara de una persona; creo que fue un ángel que enviaron como respuesta a mis oraciones. No es posible que alguien se hubiera dado cuenta de que estábamos en problemas, detuviera su coche, se bajara, empujara mi camioneta y volviera a su coche en tan poco tiempo. ¿Y que todo eso pasara en una avenida congelada llena de coches circulando a alta velocidad sin que hubiera habido ni un solo accidente? La única respuesta posible es intervención Divina, una respuesta inmediata para mi corta pero urgente oración.

Resultó que Clark tuvo fractura severa en la columna. Fue muy doloroso durante varias semanas y tuvo que utilizar inmovilizador, pero ya está bien. Y por ello, vuelvo a darle gracias a Dios.

La nana del cielo
Por Catherine Lee

Vi al ángel de la guarda de mi hijo mayor y también hablé con él. En esa época vivíamos en Lubbock, Texas. Mi hijo Brandon tenía dos años y le encantaba abrir puertas, cerrojos y pestillos.

Era domingo y habíamos ido a la iglesia. Dejamos a Brandon en la escuela dominical. Yo estaba sentada en el sillón del vestíbulo porque tenía ocho meses de embarazo y las sillas de la escuela dominical eran muy incómodas. El vestíbulo tenía una puerta doble con cristales grandes a ambos lados. Toda la pared era de vidrio y la cubrían unas cortinas delgadas que dejaban pasar la luz. Mi esposo estaba sentado junto a mí y vimos que venía una mujer mayor tomando a un niño de la mano. Abrió la puerta y vimos que el niño era Brandon.

La mujer tenía el cabello blanco y era muy pálida. Llevaba un vestido blanco con la orilla negra y un bolso blanco que hacía juego con sus zapatos. Preguntó si ese niñito pertenecía a esa iglesia. Por un instante me quedé pasmada y no pude contestar. Dijo que lo vio paseando cerca del lago, en el parque detrás de la iglesia, y pensó que podía estar en peligro. Brandon había abierto varias puertas y quitado el cerrojo de la reja para salirse del terreno de la iglesia.

Le dije que era mío, me lo entregó y salió por la puerta. Me di cuenta de que no le había dado las gracias y salí, pero ya no estaba. La dulce viejecita había desaparecido sin dejar huella y había aparecido de la nada. Ahora, Brandon tiene 20 años y es bombero. Espero que ese hermoso ángel siga cuidándolo.

El ángel doctor
Por James R. Myshrall

El 22 de diciembre de 1995, a las 11 de la mañana, mi madre Hazel, mi esposa Beverley y yo tuvimos un accidente de coche. Hubo dos muertos, pero pudieron haber sido cuatro. Mi madre y el hombre que lo ocasionó, murieron. Mi esposa se deshizo la rótula y se cortó la frente. Mi cara se aplastó de los ojos hacia abajo. Estaba ahogándome con mi propia sangre.

Segundos después apareció un misterioso doctor con su esposa. Entró por el parabrisas de mi coche, me cargó (estaba inmóvil debido a la herida de la cabeza) y me limpió la sangre para que pudiera respirar.

El doctor desconocido me preparó para que la ambulancia me llevara al hospital, que quedaba muy lejos. He tratado de localizarlo por diferentes medios, incluso fui al programa *Misterios sin resolver*, pero no tuve suerte. No puedo localizarlo. En el reporte de la policía no hay registro de su nombre. La única conclusión a la que he podido llegar es que se trata de un ángel. Le debo la vida a ese ángel doctor.

Me dijeron que mi mamá murió instantáneamente. Creo que pidió que a mí no me llevaran todavía porque mi familia hubiera pasado por un inmenso dolor.

Ángel al rescate
Por Judy Garvey

Iba manejando a la tienda. Tomé el camino de siempre para entrar a la avenida principal, cuando mi camión se detuvo de repente y giró hacia el lateral de la calle.

Agarré mi bolso para caminar hacia la avenida donde había varios negocios y buscar un teléfono o gasolinera. Cuando me di la vuelta y quise abrir la puerta vi a un hombre vestido como guardia de seguridad que venía por la esquina, hacia mí. Llegó a la ventana de mi camión y preguntó si podía ayudarme. Le dije que iba a buscar un lugar donde llamar al servicio de emergencias. Dijo que él lo haría y lo oí hablando por el *walkie-talkie* mientras buscaba en mi bolso la tarjeta del servicio de emergencia. Cuando volteé para darle las gracias, ¡había desaparecido! Miré a ambos lados del camino pero no estaba. La grúa llegó casi de inmediato.

Pensando en el accidente, me di cuenta de que ninguno de los negocios del área tiene un guardia de seguridad y también el hecho de que el hombre llegara desde la esquina y se dirigiera directo hacia mí. Supe que había sido una hermosa bendición de un ángel muy real.

Un ángel en el campamento
Por Daniel R. Person

Estaba en un campamento cristiano llamado Covenant Pines, en McGregor, Minnesota, con mis papás, mi hermano y mi hermana. Todas las mañanas teníamos que ir a misa. Yo tenía siete años y más interés en ir a jugar que en ir a la iglesia, así que le dije a mi mamá que me sentía mal y no podía ir. Cuando todos se fueron, me fui al lago a nadar.

No nadaba muy bien y solo me daban permiso de estar cerca de la orilla. Pensé que era mi oportunidad y pasé por debajo del muelle en forma de H. Un minuto después tragué un poco de agua y empecé a manotear. Traté de flotar durante un momento y me sumergí. Veía hacia arriba y veía la luz de la superficie. Dejé de luchar y saqué la mano del agua, cuando me quedé quieto y empecé a hundirme.

Mi mano estaba a punto de hundirse y de repente me vi sobre el muelle. Estaba de rodillas, vomitando a los pies de un señor. Volteé a verlo y me preguntó si estaba bien. Le dije que sí y se fue. Me bajé del muelle gateando y me quedé en la playa un rato. Cuando me sentí mejor, me regresé a la cabaña.

Dormí durante todo el día y en la cena estuve buscando al señor. Solo había unas 70 personas y el resto de la semana estuve buscándolo. No hubo manera de encontrarlo. Estábamos en medio de la nada, así que no hubiera estado ahí si no hubiera ido al campamento... ¡o a salvarme la vida!

Alguien me salvó la vida
Por Justine Lindsay

Vivía en Australia, tenía dieciocho años y acababa de terminar la escuela. Por lo general, hubiera sido una época emocionante, pero estaba esperando el resultado de los exámenes, lo cual me aterraba. Y lo peor, caché a mi novio (y primer amor) besando a otra chica en la graduación, unos días antes de que nos fuéramos juntos de vacaciones una semana.

Esa semana fue un infierno. Nos peleábamos todo el tiempo, luego nos reconciliábamos y volvíamos a pelear segundos después. Estuvo horrible. Llegó un punto en el que me dijo cosas que de verdad me lastimaron y salí corriendo como loca hacia la playa. Mi infancia no había sido fácil y todo estaba viniéndoseme encima. Aunque ahora me avergüence decirlo, solo pensaba en suicidarme.

No había nadie en la playa y caminé hacia un acantilado enorme. *Mi salvación*, pensé. Estaba histérica llorando, sollozando y lamentándome. No vi que hubiera nadie cerca, pero tampoco estaba como para darme cuenta de la presencia de nadie.

En ese momento sentí que alguien me tocaba el hombro. Era un hombre de unos 25 años, bien vestido, con la piel traslúcida y unos hermosos ojos azules. Me preguntó si estaba bien pero lo hizo en *silencio* porque no recuerdo que hubiera pronunciado palabra. Empecé a contarle todo —todo. Caminamos mientras yo sacaba todo lo que tenía dentro. Nos sentamos y seguí contándole toda mi vida desde los doce años, cuando mis papás se divorciaron. Mientras yo hablaba, él me llevó suavemente hacia la casita donde estaba quedándome con mi novio. Llegamos al camino que separaba la playa de la cabaña.

Se detuvo y me giró hacia él. Me di cuenta de que estuve hablando durante dos horas. Empecé a disculparme y le agradecí que me escuchara, todo en la misma oración. Le dije que debía irme porque mi novio seguramente estaría preocupado y lo abracé. Él seguía sin decir nada y pensé que era un poco raro.

Me di la vuelta para irme, corrí un poquito y volví a girarme para decirle adiós. Pero cuando volteé, la playa estaba vacía. Regresé a donde estuvimos parados y miré alrededor. Nada. Cerré los ojos pensando que me había vuelto loca y agité la cabeza. Abrí los ojos y vi que solo había un par de huellas a lo largo de la playa donde habíamos caminado juntos. Tuve una sensación extraña y corrí a la cabaña. Nunca le dije a nadie lo que pasó ese día.

Después de eso me he vuelto más espiritual y sigo buscando un mayor significado en mi vida. Le hablo a mi ángel todo el tiempo y, aunque no ha vuelto a "aparecer", no he vuelto a sentirme tan desesperada como ese día en la playa. De vez en cuando recibo señales, pero solo cuando las pido.

Rebosante de gozo
Por Nancy Kimes

Era 1980. Hacía demasiado calor ese día de verano que nunca voy a olvidar. Estaba muy deprimida. En mi vida nada estaba bien, incluyendo una relación a la que me aferraba con desesperación. Mi vida no tenía objetivo ni dirección. Estaba buscando una salida y le pedí a Dios que me ayudara. Necesitaba saber que mi vida tenía una razón. Quería poder ayudarme y ayudar a los demás, pero parecía que ese deseo no tenía futuro. Lloré cuando hablé con Dios, como si estuviera junto a mí.

En eso sonó el timbre. "¡Ay! ¿Quién es?", pensé, "¿Abriré?". El timbre siguió sonando. Finalmente abrí sin secarme la cara. Era un hombre de unos 30 años, guapo, con una linda sonrisa y una carpeta bajo el brazo. Traía una camiseta de manga larga y bermudas oscuras. Las mangas estaban dobladas. Se disculpó por molestar pero quería un vaso de agua. No pude negarme porque hacía mucho calor. Le pregunté si quería hielo y dijo: "Sí, estaría bien".

Cuando abrí el grifo, la pesadez que sentía era más ligera. Se terminó el vaso y le pregunté si quería más. Dijo que sí con la voz llena de agradecimiento. Así que le serví otro vaso con hielo. Esta vez sentí que algo estaba llenándose en mi interior. Noté que mi humor estaba mejorando. ¡Me sentía mejor! El hombre se terminó el vaso y le pregunté si quería más. ¡Tenía mucha sed!

Otra vez, le serví más agua. Me sentí rebosante de gozo y me acordé de una cita de la Biblia: "Bienaventurados los que tienen hambre y sed de justicia, porque ellos serán saciados".

"¿Quién es este señor y por qué tiene este efecto tan positivo sobre mí?", me pregunté. Se terminó el vaso y pareció satisfecho.

Me agradeció y se fue. Cuando cerré la puerta sentí una certeza interior de que mis preguntas pronto serían respondidas, de que tenía un propósito y que mi vida no terminaba ahí. Corrí hacia la ventana de la cocina para ver por dónde se había ido, pero no vi a nadie. ¡Era imposible que desapareciera tan pronto! En lo más profundo de mi ser supe que se trataba de un ángel disfrazado.

Ese día me cambió la vida. Un nuevo mundo se abrió ante mí —un mundo de amor, de perdón, de escuchar a los demás, de verme a través de los ojos de los demás y de tener la capacidad de ayudarme a través de ayudar a los demás—. Ahora, cuando pasa algo, pienso en ello y me siento rebosante, siento una presencia evidente dentro de mí y a mi alrededor que me da fuerza y valor para enfrentar el reto y seguir adelante, sabiendo que estoy protegida.

El cielo me ayudó
Por Carol Pizzi

El 14 de septiembre de 1995, camino al trabajo, empecé a sentir una rigidez en el pecho que subía hacia mi garganta. Acababa de pasar por el hospital así que decidí llegar a la oficina y que alguien me llevara a urgencias. Pero, unas cuantas cuadras después empecé a sentirme muy débil y tuve que pararme en el estacionamiento vacío de un centro comercial. Eran aproximadamente las 6:50 de la mañana y ninguna tienda estaba abierta.

Justo en ese momento pasó un señor y le pedí que llamara a una ambulancia, pues yo seguía con el dolor en el pecho y me costaba trabajo respirar. Recuerdo que fue a una de las tiendas para hablar por teléfono. Llegó la ambulancia y me llevó al hospital, donde me hicieron una cauterización cardiaca. Al encontrar una arteria bloqueada me realizaron una angioplastia.

Después de un tiempo de recuperación en casa volví al centro comercial para localizar al señor que llamó a la ambulancia y darle las gracias. Lo había visto entrar a una de las tiendas antes de que abrieran, así que supuse que trabajaría ahí. Los gerentes de la tienda me dijeron que nunca había nadie ahí a esa hora y que nadie con esa descripción trabajaba para ellos. No pude encontrar a mi ángel de la guarda, pero estoy segura de que eso era.

VALE LA PENA REZAR
Anónimo

Era un día normal de primavera, mi esposo me pidió que moviera el viejo Pontiac Firebird del estacionamiento pues estaba encerrado por un seto y la grúa que lo llevaría al taller no lo alcanzaba. Mi esposo lo empujaría mientras yo maniobraba para sacarlo de ahí. Bueno, él empujaba y yo movía el volante y me di cuenta de que no podía hacerlo solo. Su espalda estaba rígida y yo trataba de manejar el coche sentada en el interior. Pensé que yo añadía todavía más peso, así que me bajé del coche y ayudé a empujar. El problema era que no podía maniobrar y frenar al mismo tiempo. Era un coche enorme, un Firebird modelo 1976 muy pesado, y pensamos que era sumamente difícil de mover. En cuanto lográramos que se moviera, yo me metería para frenar antes de atropellar a mi esposo.

Empecé a rezar en silencio y les pedí a mis ángeles que me ayudaran, mientras mi esposo intentaba empujar, sin éxito. Estaba a la mitad de mi plegaria cuando vi algo muy interesante. Un hombre salió corriendo desde la valla de mi casa. Vi que se dirigía hacia nosotros y después giró, como si se dirigiera al coche por intuición. Sus amorosos ojos se encontraron con los míos, movió la cabeza como diciendo "¡Aquí estoy!". Se acercó al coche y ayudó a empujarlo. Mi esposo estaba completamente sorprendido de ver a este hombre ayudando pero ambos lograron empujar el coche hacia donde queríamos.

Pisé el freno y puse *parking*. Vi que el hombre —rubio, de ojos azules y un hermoso bronceado dorado— le daba la mano a mi esposo y le decía algo que no pude escuchar. Me bajé del coche y caminé hacia ellos, justo cuando él se daba la vuelta y se iba corriendo hacia el mismo lugar de donde había salido para desaparecer de nuestra vista unos segundos después.

Al mirar a mi esposo vi que tenía los ojos llenos de lágrimas y le pregunté si estaba bien. Cuando por fin logró hablar mur-

muró que el amor que el hombre emanaba era increíble. Le pregunté qué le había dicho. Mi esposo me miró y contestó: "Me dijo: 'vale la pena rezar'".

Nunca volvimos a ver a ese hombre pero jamás olvidaremos lo que pasó.

Capítulo 4

Misteriosos desconocidos con mensajes de sanación

William White
Por Dawn Elizabeth Allmandinger

En la década de los 80 estaba casada con un hombre que abusaba de mí físicamente. Trabajábamos en el mismo restaurante, yo era mesera y él ayudante. Me decía cosas horribles delante de nuestros compañeros y una vez tuve que ir a trabajar con un ojo morado que intenté disimular con mucho maquillaje.

Un día, una pareja que jamás había visto entró al restaurante. El hombre me preguntó cosas sobre mí y me dijo que yo era especial. En ese momento, yo no lo creía, porque mi esposo siempre me decía lo contrario, igual que mi padre.

Me preguntó qué misión creía tener en la vida. Sin pensarlo, le dije: "Bueno, soy ayudante de Dios". Él me dijo que no mucha gente sabe eso sobre sí misma. Preguntó de qué manera ayudaba a los demás. Le dije que abrazaba a las personas y sentía qué no estaba bien en su interior.

Me dijo que así era y que le diera un abrazo a su hermana (la mujer que estaba con él) y le dijera qué sentía. La abracé y le dije que sentía que no era feliz y que estaba en una situación que la inquietaba. Ella confirmó que no sabía qué hacer ante esa situación en la que se encontraba, y eso no la dejaba ser feliz. ¡No podía creer que hubiera acertado!

El hombre me dijo que sentía que yo era sanadora, cosa que ya me habían dicho dos veces, pero yo no sentía que fuera especial. Y ahora, estas dos personas que no me conocían de nada, pero el hombre sabía cosas de mí y de mi vida que nadie más sabía. Me dijo que no duraría mucho tiempo casada, aunque en ese momento no le creí. Para mí, el matrimonio era un compromiso "hasta que la muerte los separe".

El hombre me preguntó si quería su teléfono y dije que sí. Lo raro del asunto es que había mucha gente en el restaurante, porque era hora de comer, pero en mi sección solo estaban él y su hermana. Por eso tuve tiempo de hablar con ellos.

Le di mi libreta de teléfono abierta en una página vacía y escribió: "William White, 758-6055". Y dijo: "Lee mi nombre. Velo bien, dice, 'Will I Am' (Yo soy voluntad)". William me pidió que le llamara para unirme a un grupo de sanadores y gente que ayuda. Unos días después marqué el número pero salió una grabación que decía que el número había cambiado y no había uno nuevo.

Al final, me divorcié, como William había dicho. Ahora estoy lista para perdonar a mi papá por el abuso y también a mi exmarido.

Desde entonces he buscado a William White, pero no he tenido suerte. Siento que era un ángel con forma humana que trataba de guiarme para encontrar el camino de la paz.

Dios trabaja de maneras misteriosas

Por Patrice Karst

Iba por la carretera interestatal 10 hacia *Pacific West Highway*, era sábado en la tarde. Iba escuchando música y mi hijo Eli dormía en el asiento de atrás.

Estaba metida en mis pensamientos cuando el coche que iba delante de mí frenó de golpe. Yo iba por lo menos a 80 kilómetros por hora y también frené de golpe para tratar de no estrellarme contra él. Sabía que no había tiempo suficiente para frenar. Todo me pareció irreal mientras iba directo hacia el coche a toda velocidad. ¡Estaba aterrada! Y pensaba: *Ay Dios, ¿me voy a morir? ¿Y Eli? ¡Ay Dios, no por favor!*

Fue un gran impacto. Temblaba sin poder controlarme y me daba miedo moverme y más enfrentarme al horror de ver toda la sangre, los cuerpos y vidrios por todos lados. Cuando por fin reuní el valor de mirar, en lugar de ver una tragedia, vi una escena milagrosa. ¡Eli seguía dormido! Yo estaba ilesa, lo cual parecía imposible por la velocidad a la que me estrellé contra el otro coche.

Me encontraba pensando en todo esto, cuando una mujer de cabello oscuro, con un acento que no reconocí, abrió la puerta de mi coche y me bajé. Me abrazó y dijo estas palabras:

—Vamos demasiado rápido. Estás bien. Debemos recordar ir más despacio.

Y dijo:

—¡Que Dios te bendiga!

Se subió a su coche y se fue. Me quedé ahí parada en estado de *shock*.

Mi coche estaba perfecto, aunque acababa de sufrir un choque muy fuerte. Y no solo eso, no sé cómo, mi coche estaba en el arcén del lado derecho, sin peligro de ocasionar más choques, ¡pero yo no lo había dejado ahí! Después del choque no lo había movido. Debía estar en medio de la carretera estorbando a los demás coches.

¿Fue un milagro? ¿Fue un ángel? Es igual. Yo solo sé que ni la mujer misteriosa ni la experiencia en sí tienen sentido. *Vamos demasiado rápido*. Qué metáfora para este intenso ritmo que hemos adoptado. Volví a subirme al coche y me fui a mi casa manejando despacito. Ese día, Dios estaba con Eli y conmigo —estoy segura.

Un ángel en Nueva York

Anónimo

Decidí seguir a mi novio (quien pronto se volvió mi esposo) a Nueva York, en 1995. Nos quedamos en un departamento accesible para nuestro presupuesto en Nueva Jersey. Y fue un desastre. Desde el principio hubo señales de que no era buena idea. Antes de mudarnos choqué de frente y hubo otros desastres como que me robaran el coche el primer día de mi nuevo trabajo, y que varias veces me molestaran exhibicionistas en el metro que tomaba para ir a Manhattan. En resumen, en un año nos robaron los coches cuatro veces.

Al final, mi esposo perdió el trabajo y no pudo encontrar otro donde el sueldo fuera equivalente. Decidió volver al área de Washington D. C., donde había muchas oportunidades de trabajo. Yo me quedé en la ciudad de Nueva York esperando que me llegara una oferta de trabajo. Mientras, vivía con una amiga en Manhattan.

Un día, me estacioné en la calle y un señor se me acercó, dijo con voz fuerte que ese era su lugar de estacionamiento. Mi amiga le dijo al hombre que era un lugar público y el señor se enojó mucho. No fue lo más sensato, pero dejé mi coche ahí. Mi voz interior me decía que lo moviera, pero mi amiga me convenció de que yo tenía razón y que no dejara que el tipo me intimidara.

Unas horas más tarde regresé, esta vez sola, y descubrí que mi coche tenía una llanta ponchada. Alguien le había encajado un cuchillo varias veces. Sabía que era consecuencia del incidente del estacionamiento, porque el hombre me amenazó cuando me fui de ahí. Me fui manejando, llorando todo el camino, y llamé a un servicio de asistencia para que me ayudaran a cambiar la llanta. En este momento ya estaba histérica. La ciudad me había derrotado y me sentía indefensa.

Después de llamar al servicio estuve volteando a todos lados para ver cuando la grúa llegara, pues ya venía en camino. Me había estacionado en un lugar un poco escondido que me pareció seguro, porque desde ahí podía ver quién se acercaba. Creía que el tipo que me ponchó la llanta me había seguido.

De repente, detrás de mí escuché una voz de mujer que me preguntaba por el coche. No la vi venir y me sorprendió porque había estado pendiente y mirando a todos lados. Me puse a llorar y le conté la historia. Todo el tiempo me consoló y me escuchó con interés. Me dijo que Dios no nos habría puesto aquí si no hubiera suficiente espacio para todos y que Dios siempre provee, ya sea un lugar de estacionamiento o cualquier otra cosa. También me dijo que pronto recibiría una bendición que arreglaría todo el asunto con la llanta.

En eso, vi que llegaba la grúa. Un segundo después volteé a agradecerle a la mujer por haber sido tan linda, ¡pero había desaparecido! No pudo haberse escondido y no había ningún lugar a donde pudiera haber entrado. En ese momento sentí que me inundaba una ola de felicidad y consuelo. En verdad creo que la mujer era un ángel. No encuentro otra explicación.

Y la bendición que me dijo también se hizo realidad. El día siguiente, me llegó un premio de 50 dólares de un programa de reconocimiento de mi trabajo. Y esa misma cantidad fue lo que costó el reemplazo de la llanta. Además, ¡elevó mi autoestima! Me pasó un milagro justo cuando pensaba que nada podía pasar.

Todo va a estar bien
Por Dorothy Durand

Mi mamá, Marjorie, me contó una tragedia que le pasó cuando yo era niña.

Cuando tenía 22 años había perdido a su hermano, a su madre y a mi padre (murió a los 31) y yo estaba gravemente herida. Los doctores sugirieron una terapia nueva que nunca se había probado con niños. Dijeron que había 50 por ciento de probabilidades de éxito si aceptaba el tratamiento. Y si se negaba, seguramente moriría.

Así que mi mamá firmó la hoja de autorización, se fue del hospital y se fue directo al muelle, donde tenía pensado ahogarse. Le habían arrebatado a todos los que amaba. Creía que yo iba a morir y no le quedaba ninguna razón para vivir.

Estaba mirando al agua cuando se le acercó un hombre negro, parecía trabajador del muelle. Primero le dio miedo porque era muy grande y estaba en un barrio rudo al que las mujeres no solían ir. Pero pensó, *No importa.*

Él le dijo: "Suicidarte no es la respuesta. Todo va a estar bien". Mi madre apartó la mirada de él unos segundos y volvió a mirar al agua. Cuando volvió a mirar, ya no estaba. Buscó alrededor pero el hombre había desaparecido, así nada más.

Y sí, todo estuvo bien, pues obviamente sobreviví. Desde ese día, mi mamá tuvo una afinidad especial con los ángeles hasta el día en que se la llevaron a casa... el 18 de mayo de 1999.

El día que conocí a mi ángel
Por Cammy Rosso

En octubre de 1999 fui al taller de Doreen Virtue en Calgary, Canadá. En ese taller aprendimos a preguntar el nombre a nuestros ángeles de la guarda. Descubrí que los mío se llaman Teresa y Walter.

Dos meses después, el 17 de diciembre, tuve el encuentro más maravilloso. Estuve trabajando unas horas en un proyecto en un centro social para gente de la tercera edad. Estaba platicando con una señora cuando llegó un señor y se sentó. Empezamos a platicar y me contó que su esposa lo había visitado varias veces después de morir y que pensaba que intentaba darle un mensaje. Le dije que yo creo en los ángeles y me respondió: "¡Lo sé!".

Me sentí muy a gusto hablando con este señor que acababa de conocer, era muy amable y cariñoso y comprensivo. Cuando me di cuenta, estaba diciéndole que mi esposo y yo nos habíamos quedado sin trabajo desde marzo y lo difícil que era mantener a nuestros dos hijos.

Él me escuchaba y un momento puso sus manos sobre las mías y me dijo: "Todo va a salir bien, todo se va a arreglar. Sigan haciendo lo que están haciendo y no pierdan la fe. Las cosas van a mejorar. Sé que en este momento es difícil pero se va a solucionar y todo terminará".

Al hablar con él, tuve una sensación de paz de que de verdad todo iba a estar bien. Entonces me dijo: "Te diré algo y tú sabes a qué me refiero. Vas a entender lo que te voy a decir". ¡Y me dijo que me amaba!

En ese momento sentí que el mundo se había detenido —como en las películas— y no había nadie en la habitación. Le pregunté:

—¿Cómo te llamas?

Para mi sorpresa, ¡me contestó que se llamaba Walter! En ese instante ya no me cabía duda, ¡estaba sentada frente a frente con mi ángel! También tuve una sensación extraña, como cientos de estrellas fugaces que entraban por mi cabeza y salían por mis pies. No puedo explicar el amor y la calidez que sentí. Le conté del taller y que los nombres de mis ángeles eran Teresa y Walter. Me sonrió y contestó: "Bueno, entonces creo que necesitamos conocer a Teresa". Le dije que quería regresar y visitarlo de nuevo.

Me dijo que no me preocupara, que nos veríamos otra vez. Walter me tomó de las manos. Volvió a decirme que todo iba a estar bien, que no me preocupara y que me amaba. Me dio un fuerte abrazo y un beso en la mejilla izquierda, me deseó una feliz Navidad con mi familia y mis amigos. Después se dio la vuelta y salió de la habitación.

Me quedé parada durante unos segundos tratando de digerir lo que acababa de pasar. Me di cuenta de que la mujer con la que estuve platicando, se había levantado y se había ido al otro lado de la habitación. Volvió y se sentó de nuevo conmigo. Le dije: "Ese señor era increíble y muy amable. Quiero volver a visitarlo".

Se quedó mirándome y dijo: "Sí, se veía buena persona. Es chistoso, desde hace tres años vengo diario como voluntaria y ¡es la primera vez que lo veo!".

Ángel bailarín
Por Jill Wellington Schaeff

La primera vez que oí la canción "Hands" de la cantante pop Jewel, la letra salió de la radio y su sabiduría me hipnotizó. Una frase en particular, que habla de bondad, me llegó al corazón. Ahora, cada vez que la escucho, todo a mi alrededor se desvanece y el mensaje espiritual se apodera de mi alma.

Eso pasó en noviembre de 1999, solo que las palabras no salieron de la radio. Mi esposo y yo éramos líderes de la guarida de los Lobatos, de los Scouts, y cuidábamos a un revoltoso grupo de seis estudiantes de segundo de primaria, incluyendo a nuestro hijo Mark. Nos pidieron que fuéramos proveedores de un proyecto de adornos para Navidad de al menos 50 niños en la reunión mensual del grupo. Los chicos de ocho grupos irían de mesa en mesa haciendo los adornos y en diciembre se mandarían a varias residencias de ancianos. Además, nuestro grupo estaba encargado de un proyecto para noviembre de pañuelos para el cuello y anillos para los 88 miembros del Club.

La inspiración me llegó durante un sueño. Vi todo muy claro —un elote pequeño, granitos de maíz para palomitas pegados a un cartón cortado en forma de mazorca con trocitos de paja que salían de la parte superior—. ¡Estaba divino! Brinqué de la cama y corrí a la cocina para recrear el proyecto de mi sueño.

Experimenté todo el día con colorante natural para obtener el tono exacto del maíz. Me tardé horas en mezclar los colores, contar los granitos de maíz y colocarlos en vasitos, uno para cada niño del Club. Se me durmieron las manos por cortar 88 mazorcas de cartón y pegar las pajas en la parte superior. Puse cada una en un vasito junto con el maíz para que cada niño tuviera un kit listo para armar. Ya listo, pegarían el maíz en las mazorcas y el resultado sería un hermoso anillo para los pañuelos del uniforme.

Cuando mi familia me ayudó a llevar el proyecto al gimnasio de la escuela y acomodarlo, me sentí orgullosa. La enorme mesa donde estábamos se vio pronto rodeada de niños curiosos de todas las guaridas.

Oí que decían: "¡Mira qué chidos elotitos!".

Vi unas manitas acercándose a las cajas que tenía enfrente y vasitos de plástico volteándose y el maíz derramándose. "Están contados para cada niño de nuestra manada", dije y mi cabeza se llenaba de frustración. Lo que una vez estuvo ordenado en mi casa, ahora era un caos. Finalmente, el líder del grupo me salvó cuando anunció que todos los niños tenían que ir a cada mesa. La nuestra era la más concurrida, los chicos estaban alrededor de la mesa para hacer elotitos.

Mi esposo y mi hija les decían cómo hacer los adornos del proyecto y yo trataba de asegurarme de que hubiera suficiente. "Mi amor, solo necesitas un vasito por mazorca", le dije a uno de los niños. "Trata de no tirar los granitos de maíz, ya no tengo más", le dije a otro. Definitivamente, estaba estresada.

En la confusión, un niñito se acercó bailando hacia mí. Llevaba una camisa de cuadros de manga larga y no el uniforme azul y dorado del Club y parecía indio o hispano. "Quiero hacer un elote", me dijo con sus ojos color café que parecían lunas llenas.

—Mi amor, vas a hacer un proyecto con tu grupo.

—Por favor, quiero hacer un elotito —pidió.

Me sentí abrumada por todo el ruido, además de los padres y otros adultos que me hablaban. Sin paciencia, le pregunté, "¿Quién es el líder de tu grupo?".

Me miró a los ojos y me contestó: "No tengo ningún grupo". Su respuesta fue despreocupada. Me arrodillé frente a él y le dije con firmeza que solo tenía maíz para los miembros del Club, pero que si me traía al líder de su grupo podría hacer el proyecto. Y así se fue bailando, dando vueltas y vueltas. Me sentí aliviada de que su líder tuviera que lidiar con él.

Y entonces pasó. En mi cabeza, con más fuerza que el escándalo que rebotaba en las paredes de cemento, escuché la letra de la canción de Jewel, que la bondad es lo único que importa. Mi corazón se llenó de amor y remordimiento. Unos niños me jalaban impacientes las mangas para enseñarme el elote que habían hecho. Me levanté con los ojos llenos de lágrimas y dije: "Perdón, tengo que hacer algo".

Me abrí paso rápidamente entre la gente buscando al niño bailarín de hermosos ojos cafés. Quería que viniera a hacer un anillo de elote, como me había pedido con su manera sencilla y sincera. Pensé que se notaría por la camisa de cuadros entre ese mar de camisetas azul con dorado.

Pero no lo vi por ningún lado. Fui de mesa en mesa y mis ojos veían a todos los niños. Me estremecí buscando a lo largo de cada mesa, el niño bailarín no estaba. ¿Dónde se había metido? En ese momento vi que había una mesa con un grupo de scouts con necesidades especiales, físicas y mentales.

Igual que *Scrooge* después de que se le ablanda el corazón, anuncié: "Quiero que todos estos niños vengan a mi mesa. Tengo un proyecto que está esperándolos".

Sus hermosos ojos se iluminaron y los padres estaban felices de ayudarlos a llegar al otro lado del abarrotado gimnasio. Senté a los ocho niños alrededor de la mesa y veía maravillada cómo pegaban los granitos de maíz al elote de cartón.

Mi corazón estuvo lleno de gozo durante el resto del día y los niños terminaron sus proyectos. Igual que la multiplicación de los peces de la Biblia, parece que pasó lo mismo con el material que llevaba para el proyecto de los elotes. Todos los niños hicieron sus anillos y todavía me quedaron varios kits.

Seguí recorriendo el gimnasio con la mirada en busca del niño bailarín, pero había desaparecido. Ahora sé que era un ángel que Dios envió para enseñarme una enorme lección sobre bondad. La experiencia inició un cambio en mí. Cada vez que me siento rendida e impaciente por el estrés de la vida, canto en silencio la letra de la inspiradora canción de Jewel.

Un mensaje del cielo
Por Kimberly Miller

La primera vez que me di cuenta de que había visto a un ángel fue en 1985, cuando mi abuela murió de repente por un infarto. Durante cinco años le hicieron diálisis y en uno de sus tratamientos le dio un infarto importante. La llevaron de emergencia a otro hospital y mi papá me llamó para decirme que estaba ahí.

Antes de que pudiera salir de la casa, papá volvió a llamar y me dijo que ya había muerto. Era muy pegada a mi abuela y me sentí devastada. Estaba molesta y preocupada de que hubiera muerto sola.

Estábamos en el funeral en la casa y pasó algo súper extraño. Se acercó a mí una monja dominica (la orden de monjas que enseña en la escuela a la que fui de niña). Me tomó de la mano y dijo: "Yo estaba con tu abuela cuando murió. Me pidió que te dijera que ahora está bien y que sabe lo mucho que la amaste". Me quedé tan sorprendida que no pude decir palabra durante varios minutos. Volteé para darle las gracias pero ya se había ido.

Les pregunté a mis hermanos y a mi papá si hablaron con la monja, me vieron raro y me preguntaron de qué estaba hablando. Nadie la había visto y menos hablado con ella. Me di cuenta de que un ángel vino a tranquilizarme y disipar mi miedo de que hubiera muerto sola, y a decirme que mi abuela sabía lo mucho que me importaba.

El miedo terminó
Por Helen Kolaitis

En mayo de 1996, mi hijo Michael se sometió a tres cirugías a corazón abierto. Le urgían unas buenas vacaciones y ese verano estuvo muy bien. Todo iba muy bien, hasta que llegó el otoño. Fuimos al doctor y en septiembre me dijeron que necesitaba otra operación. Me sentí devastada y caí en depresión, tenía ganas de quitarme la vida. Los doctores me mandaron medicinas.

Tres días después, mi mejor amiga insistió en que fuéramos a una cafetería con Michael y su hija. La cafetería era de cristal y solo tenía una puerta de acceso. Nos sentamos en una mesa al fondo y mi hijo y yo estábamos de frente a la pared. Entonces, una anciana se paró detrás de Michael y le puso la mano en el hombro derecho. Dijo: "Tiene tanta fuerza".

Después me preguntó el nombre de mi hijo. Cuando le contesté "Michael", dijo: "¡Claro! Michael, Miguel, como el Arcángel". La mujer tenía el cabello canoso, vestía un viejo abrigo café y llevaba un anillo con un símbolo religioso. Nos dijo que tuviéramos un excelente día y se fue de la mesa.

La vimos darse la vuelta pero nunca vimos que saliera de la cafetería del estacionamiento. ¡Era como si se hubiera desvanecido! Después de ese momento no volví a tomar medicinas. Estaba feliz y ya no tenía miedo de que mi hijo se muriera. En diciembre operaron a Michael y todo salió bien. Ahora sé que la anciana era un ángel que me enviaron para darme fuerza y ganas de vivir.

Bendita sea

Por Susan Sansom

En 1994 tenía 44 años y un día desperté a las 4:03 a. m. por un gran dolor en el pecho. El dolor era tan fuerte que mi esposo llamó a la ambulancia. Llegaron los paramédicos y confirmaron que estaba teniendo un infarto. Se lo dijeron a mi esposo y decidieron no decirme nada. De camino al hospital, les dije a los paramédicos que sentía que me iba y que los escuchaba extraños y distantes. En ese momento, me solté y morí.

Escuché que decían con desesperación que había muerto. Percibí que una de ellos, una rubia alta, gritaba: "¡No me hagas esto!", y me golpeó en el pecho. La vi pegarme pero me sorprendí porque no sentí el golpe. Me revivieron y me llevaron de urgencia al hospital.

En el hospital, perdía y recuperaba la conciencia; había tres doctores y varias enfermeras atendiéndome. Me dieron betabloqueadores y le dijeron a mi esposo que llamara al resto de la familia para que viniera a despedirse de mí. Conforme las medicinas entraban a mi cuerpo, empecé a sentir frío, el frío más profundo e intenso que jamás había sentido.

Yo seguía sin saber que estaba tan grave y empecé a hablar con una enfermera. Tenía una sonrisa muy dulce y me tomó de la mano. Era de complexión media y parecía matrona. No traía el típico uniforme de enfermera, lo cual no pregunté por el aturdimiento. Me dijo que había tenido un infarto pero que ya había pasado, y que no volvería a tener otro jamás. La noticia me tranquilizó y me dejé llevar por el sueño.

Desperté en la unidad de terapia intensiva y el doctor me preguntó a qué hospital quería ir a que me hicieran la cirugía de corazón. También me dijo que a las 13 horas me iban a cauterizar y que estaba muy mal. Explicó que suelen programar las cirugías para el día siguiente, pero lo más probable era que en cualquier momento sufriera un infarto fatal. Un helicóptero iba de camino para llevarme a otra ciudad a que me operaran.

Decir que la noticia me dejó confundida se queda corto, pues la enfermera me había dicho que no volvería a tener otro infarto. A las 13:00 fui al laboratorio de coronarias y me hicieron la cauterización. Aunque no me funcionaba el 40 por ciento del corazón, los doctores estaban sorprendidos de que no tuviera bloqueos y que no necesitara la cirugía.

Me dieron de alta una semana después. El doctor dijo que era posible que la parte del corazón dañada se recuperara con el tiempo pero probablemente tendría del 15 al 20 por ciento de daño.

Varias semanas después volví al hospital para una prueba de estrés y estaba ansiosa por hablar con la enfermera que me había tranquilizado. Me fijé en todas y reconocí a algunas que me atendieron esa noche. ¡Me aseguraron que nadie estuvo conmigo en terapia intensiva! Y supe que la política del hospital no permitía que el personal me dijera algo así ¡pues mi diagnóstico era terrible!

Quince meses después, el cardiólogo me dio de alta y estaba sorprendido de que el músculo de mi corazón no mostrara daños. Dijo: "Lo que sea que hayas hecho, ¡funcionó!". Tiempo después tuve una cirugía menor sin relación a lo que pasó, pero tuve que informar que padecí un infarto, lo cual los sorprendió porque el electro no mostraba problemas con mi corazón. ¡Incluso me preguntaron si estaba segura de haber sufrido un infarto!

De lo que sí estoy segura es de que esa amable enfermera era mi ángel de la guarda.

Capítulo 5

Visiones de seres amados fallecidos

Los ángeles ayudaron a papá a quedarse con nosotros

Por Dianne Galligan

Hace catorce años, mi hermano menor se suicidó cuando tenía 29. Cuando volví a mi casa después del funeral, la contestadora estaba llena de mensajes. Aunque, todos mis conocidos sabían que era el funeral de mi hermano. Le puse *play* y solo oí estática en toda la cinta. Sabía que era mi hermano que estaba comunicándose conmigo. Siempre me hablaba y me hacía bromas con la grabadora.

Un mes después, mi papá tuvo un infarto. Mi hermano se me apareció (¡no estaba dormida!) y me dijo que venía por papá. Le pedí que no se lo llevara porque apenas hacía un mes que él se había ido. Le dije que necesitábamos a papá y que mamá no soportaría otra pérdida tan pronto. Le recé a Dios y le mandé ángeles a mi papá para que lo cuidaran. Llamé al hospital y me dijeron que papá estaba pasando mal la noche.

Sé que los ángeles ayudaron a que mi papá se quedara con nosotros ocho años más, aunque su corazón estaba muy débil. Cuando mi papi murió, en 1994, los doctores no se explicaban cómo había vivido tanto tiempo, pues su corazón estaba muy dañado. ¡Pero yo sí sé por qué!

¡Gracias, papi!
Por Peggy Keating

Mi papá murió en 1973 y, aproximadamente dos años más tarde, me salvó la vida.

Iba manejando una noche, tarde y estaba muy cansada. Tontamente decidí seguir. Estaba quedándome dormida y de repente vi a mi papá parado en la calle.

Estaba de cuerpo entero y con la misma ropa que usaba cuando vivía —no podía confundirlo—. Al ver por el retrovisor ya no estaba. No hace falta decir que el resto del camino estuve despierta. ¡Gracias, papi!

Cuidándonos
Por Catherine Kilian

Cuando tenía trece años, mi papá, William, murió a causa de un infarto masivo. Teníamos una relación muy cercana y hacíamos casi todo juntos. Su muerte fue muy difícil para mí porque, no solo perdí a mi papá, sino que perdí a mi mejor amigo.

Ocho años después, estaba en el octavo mes de mi primer embarazo —del que hubiera sido el primer nieto de mi papi—. Mi esposo y yo acabábamos de terminar de arreglar el cuarto del bebé y, agotados, nos fuimos a dormir temprano. Muy temprano en la mañana tuve que ir al baño y, cuando abrí la puerta, mi papá estaba de pie en la entrada del cuarto del bebé, mirando hacia dentro. Volteó, me miró y sonrió. Sentí miedo y cerré la puerta de inmediato. Al darme cuenta de lo que había visto, volví a abrirla y ahí seguía, sonriendo. Entró al cuarto del bebé y desapareció.

Sé que está cuidando a mi hija y sé, en lo más profundo de mi corazón, que la ama.

Mi papá siempre me alentó
Por Andrea

Tenía 30 años y quería entrar a la escuela de leyes. Ser abogada era un sueño personal y mi papá y yo siempre hablábamos de eso. La primera vez que traté que me admitieran en la escuela de leyes después de graduarme de la preparatoria, no me fue muy bien en el examen de admisión, así que me rendí. Mi papá quería que lo intentara de nuevo, pero no lo hice.

Poco tiempo después, mi papá murió. Tenía solo 48 años, era muy joven. Por él decidí volver a presentar el examen. Así que volví a presentar el examen de admisión para la escuela de derecho y, aunque estudié mucho, tampoco me fue muy bien. Pero estaba decidida, así que metí la solicitud esperando que mis buenas calificaciones de la preparatoria importaran más que el pobre resultado del examen.

Unas semanas después de que hice la solicitud para la escuela de derecho, me llamó una amiga para contarme que la habían aceptado en la escuela donde yo quería entrar. Me dio mucho gusto por ella, pero me sentí mal por mí. Debido a que yo no había tenido noticias de la escuela y ella sí, saqué la conclusión de que no me habían aceptado. Lloré y quería rendirme. Todo por lo que tanto había luchado se me iba de las manos. Me sentí tan mal que me alejé de todo el mundo. No podía creer que me hubiera pasado de nuevo. Me sentía devastada.

Esa noche, que jamás se me olvidará, estaba dormida y mi cuarto se iluminó con una luz muy brillante. Era tan brillante que me despertó. Y entonces vi a mi papá en el centro de la luz. Me dijo que todo iba a estar bien y que sí me iban a aceptar en la escuela. Me dijo que terminaría todo el programa y que se harían realidad mis sueños de ser abogada.

¡Estaba tan feliz de verlo! Quería que se quedara y que platicáramos, pero solo vino a decirme que él estaba bien, que estaba cuidándome y que todo iba a salir bien. Le pedí que no se fuera, que se quedara para que habláramos. Contestó que debía irse y que su tarea conmigo había terminado, pero que siempre estaría a mi lado.

Dos días después recibí la noticia de que sí me habían aceptado en la escuela. Y como me prometió mi papi, me gradué. Desde entonces, he presentado los exámenes estatales en dos estados y puedo ejercer en ambos. Mi historia puede sonar extraña, pero estoy segura de que mi papi estuvo ahí y jamás se me va a olvidar.

La luz verde del abuelo
Por Tammy Zienka

Cuando yo estaba en el primer año de la universidad Kent State, en 1987, mi abuelo Jim tuvo un ataque cardiaco mientras estaba solo en la habitación del hospital, en Cleveland. Lo encontraron varios minutos después y lo resucitaron. Debido a que estuvo varios minutos sin oxígeno, lo revivieron en estado comatoso y no podía responder a los estímulos verbales ni físicos. Lo único que lo mantenía vivo era un respirador. Pasaron cinco días y no había señales de vida en mi abuelo, ni siquiera un intento de respirar por sí solo. Los doctores dijeron que estaba "clínicamente" muerto.

Tuvimos una reunión familiar para hablar de la posibilidad de firmar un documento que autorizara que lo desconectaran del soporte vital. Todos estuvimos de acuerdo menos mi tío, quería esperar unos días más con la esperanza de que el abuelo Jim despertara y volviera a ser el de siempre. Después de la reunión familiar regresé a la escuela. Era muy tarde y no había muchos coches en las calles. Mientras manejaba me sentí enojada con mi tío y me dolía la pérdida de mi abuelo, la persona que había tenido el impacto más positivo en mi vida.

Llegué a una señal de ALTO y no había otro coche en el cruce. Volteé a la derecha y en el jardín delantero de una casa vi el espíritu de un cura parado junto a una fuente para aves. Era de complexión pequeña, medía como 1.70 y llevaba túnica con un sombrero como de obispo. Parecía que estaba haciendo un rito. Hacía la señal de la cruz con las manos. Y mientras más lo veía, más brillante se volvía.

Y entonces, del otro lado de la fuente apareció el abuelo Jim. Se veía alto y majestuoso, como siempre lo vi. Llevaba un saco azul marino y pantalones blancos, vestido como cuando estuvo en la marina. Su cara resplandecía y estaba en paz. Lo sentí decirme que quería que lo dejáramos ir —que firmáramos el consentimiento—. Le dije que sí con la cabeza y me sonrió. Volteé a ver el semáforo y ya estaba en verde.

Cuando volví a mirar, mi abuelo y el cura ya no estaban. Al llegar a mi habitación en la universidad, llamé a mi mamá y le conté todo. Fue entonces que entendí por qué había visto al cura. Cuando se lo describí, mi mamá me dijo que el abuelo tuvo un amigo que era cura y había muerto diez años antes. Era como lo describí. Eso fue una confirmación para ella y para el resto de la familia de que fue real lo que vi.

En la siguiente reunión familiar, les conté lo que pasó. Les aseguré que el abuelo Jim estaba en paz y que era hora de dejar que se fuera. También les aseguré que siempre había estado con nosotros y seguiría así. Finalmente, mi tío accedió a firmar el documento. La semana siguiente, el Día de Acción de Gracias, el corazón del abuelo Jim se detuvo y murió.

Por muchos días después de su muerte, vi auras verdes alrededor de todas las luces. Igual que el semáforo que vi después de mi visión, el color verde significa "siga", y quizá era una forma de decirnos: "Gracias por permitir que siga con mi camino".

"Perdón por no poder esperar"
Por Kelly B. Norman

En 1991 estuve seis meses como marine de Estados Unidos en un despliegue fuera del país. Mi papá estaba en casa, enfermo de leucemia, y yo sabía que no iba a durar mucho tiempo. En cada puerto iba al centro telefónico y llamaba para ver cómo estaba.

Cuando llamé de Baréin, cerca del Golfo Pérsico, por el tono de su voz supe que estaba muy débil. Le pregunté cómo estaba y dijo que tenía mucho dolor y no sabía cuánto tiempo más podría resistir. Le pedí que aguantara hasta que yo pudiera volver para estar con él antes de que muriera. Me dijo que trataría de esperarme. Faltaban tres meses para que terminara el despliegue.

Iba con unos amigos en el autobús hacia la Organización de Servicios Unidos, cuando empezamos a hablar sobre mi padre. Me pareció muy raro y supe que había una razón. Solo esperaba que la razón no fuera la que yo pensaba. La mañana siguiente, aproximadamente a las 0800, el sargento de la compañía llegó al edificio y supe al instante para qué había ido.

"Sargento Norman, debe ir a la oficina de la compañía y ver al comandante".

Me reporté al comandante y empecé a llorar en cuanto abrió la boca.

Unas horas después iba en un avión desde el Golfo hacia Georgia para el funeral de mi papá. Varios días después tuve una visión o soñé acostado en la cama. Vi que mi papá bajaba del techo. Me dijo: "Hijo, vine a decirte que siento no haber podido esperar a que regresaras. Te amo, hijo. Adiós". Y volvió a subir hacia el techo y se fue. Me quedé acostado preguntándome si lo había soñado o si en verdad me había visitado mi padre. Fue tan real.

Cupido del cielo
Por Melanie Wills

Crecí viviendo con mi abuela casi todo el tiempo. La amaba más que a la vida. Mi abuela empezó a tener problemas de salud. Era una mujer muy fuerte, nunca la veías llorar. Pero, el dolor se volvió tan fuerte que lloraba constantemente. Me sentaba junto a ella, la tomaba de la mano y le sobaba la espalda para darle un poco de alivio.

Una mañana de noviembre de 1996 estaba haciéndolo cuando me miró fijamente y dijo: "Dios, por favor, llévame contigo. ¡Ya no soporto el dolor!". Aunque sabía que iba a sufrir mucho si se moría, miré hacia arriba y le dije a Dios, sin soltarle la mano: "Por favor, Dios, llévatela para que ya no sufra". Me quedé con ella un rato más y luego le dije que debía irme a prepararme para el trabajo del día siguiente. Me contestó: "Está bien, mi amor. Te amo. Por favor, cuida a tu mamá".

De alguna manera supe que era la última vez que vería a mi abuela con vida. La abracé y le dije que la quería muchísimo y le agradecí por todo lo que hizo por mí. Mi abuela murió a medianoche.

En abril de 1998 conocí al hombre de mis sueños, pronto nos casamos y tuvimos una hermosa niña. En agosto del año siguiente estaba sentada en mi habitación cuando tuve una sensación súper extraña. De repente, mi abuela estaba de pie frente a mí. Estaba tan hermosa y supe que no sentía dolor. Había un resplandor a su alrededor y parecía que el viento movía su camisón. Dijo: "Mi amor, te amo". Y comenzó a alejarse.

Le dije: "Espera un poquito. Por favor, todavía no te vayas. Quiero que conozcas a mi esposo Kevin y que veas a nuestra hijita".

Volteó y me dijo: "Cariño, conocí a Kevin mucho antes que tú. Por eso me fui. ¿Me entiendes, mi cielo? Morí para poder encontrarte a Kevin. Busqué y busqué y es él con quien quiero que mi nena esté. Tienes una hijita preciosa, lo sé. Estuve ahí". Después dijo: "Te amo", se dio la vuelta y caminó hacia un pasillo lleno de luz.

Empecé a decirle: "Yo también te amo", pero ya se había ido. En verdad creo que es mi ángel.

El ángel de la guarda de mi bebé

Por Janice

Mi abuelo paterno murió cuando yo tenía trece años y éramos muy cercanos. Cuando tuve a mi primer bebé, a los 21, se me apareció y jamás lo olvidaré.

Acababa de darle de comer y lo había acostado en la cuna junto a mi cama. De repente sentí frío y vi que a los pies de mi cama había una figura. No sabía quién era y me asustó. No podía hablar ni moverme ni gritar. La figura comenzó a avanzar hacia la cuna y yo no podía hacer nada. Entonces habló y supe que era mi abuelo.

Me dijo: "No tengas miedo. Solo quería ver a mi nieto". Se inclinó sobre la cuna y tocó a mi bebé. Y desapareció; nunca he vuelto a sentir su presencia.

Lo primero que hice fue cargar a mi bebé y llamar a mi mamá. Me dijo que todo estaba bien porque a ella le había pasado lo mismo con su papá cuando nació mi hermana mayor. Creo en los ángeles, ¡sé que nos rodean a mis hijos y a mí!

"Siempre estaré contigo"
Por L. D. D.

Mi mamá murió en 1981 y yo estaba muy enojada. Solo tenía 47 años y su muerte fue inesperada. En ese entonces, yo tenía 21 años y estaba en medio de un divorcio. Mi iglesia me había corrido, dijeron que no tenían lugar para divorciados.

Después del funeral de mi mamá estaba en mi casa muy preocupada de que ella estuviera en paz y con mi papá, que también había muerto. No había nadie en la casa más que mi hija, que estaba dormida. Entonces escuché que alguien movía la perilla de la puerta. Iba hacia la puerta cuando vi a mi mamá con la ropa que le pusimos para el entierro. Me quedé sorprendida. Me dijo: "Vine a decirte que estoy en un lugar hermoso. Ya no te preocupes. Siempre voy a estar contigo".

Desde entonces me habla y se me aparece otras veces. Mi hija también la ha visto. Algunas personas nos han dicho que no hay vida después de la muerte o que es malo ver a un espíritu y hablar con él... pero sabemos lo que hemos visto, sentido y oído, y creemos que es muy real y es maravilloso.

Una advertencia del cielo
Anónimo

Cuando mis hermanos y yo éramos niños, mi papá se fue a trabajar a Houston y los cuatro nos quedamos viviendo con mi mamá. Una noche, mi mamá se despertó por el olor de una fragancia en particular: el perfume de su madre.

Abrió los ojos y vio la silueta de su mamá, quien le decía: "¡Despierta! ¡Prende la luz de la entrada!". Mi mamá contestó medio dormida: "No, estoy cansada".

Su madre fue insistente y enfatizó: "¡Levántate ya y prende la luz!". Así que mi mamá se levantó, prendió las luces de toda la casa y volvió a acostarse.

La mañana siguiente levantó el teléfono y descubrió que no daba tono. Los técnicos dijeron que habían cortado las líneas del teléfono y encontraron huellas debajo de la ventana de mi cuarto, llamaron a la policía desde la casa del vecino.

Los técnicos dijeron que fue alguien que sabía lo que hacía, porque las líneas estaban bajo tierra. La policía dijo que habíamos tenido suerte porque, cuando cortan el teléfono, los ladrones suelen tener un plan más macabro que solo robar. Deben haberse asustado por las luces prendidas. "¡Hombre! Tuvieron suerte", le dijo la policía a mi mamá. Pero ella sabía que no solo había sido suerte y, en silencio, le dio las gracias a su mamá.

Hermosa en la luz

Por Sally M. Basso

Luraine fue mi amiga desde hace 50 años y hace unos tres le dio cáncer. No le dijo a nadie sobre su enfermedad sino hasta hace un año. Le mandé cintas de sanación y hacíamos hipnoterapia por teléfono. No estaba hospitalizada, pero le daban tratamiento todos los días. La llamaba diario y algunas veces, después de un día difícil, no podía devolverme la llamada. Un sábado en la mañana, le hablé pero ya no me habló. Esa vez, la razón era que había muerto.

Esa noche, ya casi me iba a dormir cuando vi una figura con un velo morado. Entonces el velo cayó de la cabeza y los hombros de la figura y, con una luz hermosa, vi a Luraine. Se apreciaba joven, igual que como cuando tenía 30. Se veía hermosa y sana. Traía una linda blusa blanca sin hombros y sonreía de manera celestial. Me dormí muy contenta.

Al día siguiente le conté a su esposo y a su hija sobre lo que vi y se alegraron mucho de saber que Luraine ya no estaba sufriendo.

CUANDO MÁS LO NECESITABA
Por Kimberly Miller

Hace como cinco años, después de la muerte de mi papá, estaba en medio de un divorcio estresante. Me salí de la casa con mis dos hijos y no me sentía muy confiada. Todas las noches soñaba cosas horribles. Una noche, en lugar de que me despertara por una pesadilla, desperté porque sentí que alguien se sentaba en mi cama. Pensé que era mi hijo menor que quería dormir conmigo. Cuando miré, me quedé helada al ver la silueta de mi papá a los pies de mi cama. No me dijo nada, solo se quedó ahí.

Lo vi todas las noches durante dos o tres meses y en ese tiempo nunca tuve pesadillas. Las apariciones terminaron justo cuando las cosas empezaron a mejorar y yo empecé a sentirme mejor conmigo misma. Supe que, aunque nunca dijo nada, mi papá estaba conmigo para darme consuelo cuando más lo necesitaba.

Capítulo 6

Niños que han visto ángeles y apariciones

LA MANIFESTACIÓN DE UN HERMOSO ÁNGEL DEL CIELO

Por Natalia Kuna

Tengo muy vivo el recuerdo del bautizo del bebé de mi prima. Después de la fiesta fuimos a casa de mi abuelo, los adultos comíamos y bebíamos y lo pasábamos bien.

Casi al final de la noche hubo una gran conmoción por un pariente revoltoso y su famoso problema con el alcohol. Mi tío estaba haciendo el ridículo, estaba agresivo verbal y físicamente, estaba fuera de control delante de todos, niños y adultos. Llegó al punto en que, en un arranque de ira, golpeó los vasos de la vitrina de mi abuelo. La vitrina cayó con un estruendo y la alfombra acabó llena de cerámica y vidrios rotos.

Yo solo tenía ocho años y estaba muy inquieta, toda la tarde había sentido miedo. También me preocupé mucho por mi papá, porque intentaba disipar el ambiente y empezó a bloquear físicamente a mi tío para evitar que hiciera más destrozos.

Aunque mi papá también había bebido, decidió quitarle las llaves a mi tío y llevarlo a su casa, y mi mamá tendría que regresar a casa sola. Siempre he sido muy sensible, así que también noté que mi mamá estaba nerviosa y tenía miedo por mi papá, lo cual me hizo sentir más ansiedad.

Ya en la casa, me acosté en la cama, me sentía muy vulnerable y abrumada por mi papá. Pensé que quizá había tenido un accidente o algo horrible había pasado.

En ese momento, se manifestó ante mí un glorioso ángel del cielo, estaba en la esquina de mi cuarto. El ángel se veía y se sentía tan radiante y mágico, con una hermosa luz de colores, estaba rodeada por los tonos del arcoíris. La sentí tan hermosamente femenina y protectora, su sola presencia me llenó de sentimientos de calidez y seguridad. De inmediato, me sentí consolada y supe que mi papá estaba bien. Y así fue, llegó a la casa sano y salvo.

Fue una bendición tener esa visión de niña. Desde entonces siempre he creído en los ángeles y sé que hay uno que me cuida. Ahora que soy madre, tranquilizo a mis hijos y los asombro con mi historia del ángel, además, no solo creen en la presencia de los ángeles, sino que saben que nuestra familia está a salvo y protegida.

Fuera de peligro
Anónimo

Tenía cinco o seis años cuando desperté y vi a un joven flotando en mi cuarto, sostenía un libro de oraciones rojo y estaba vestido con una túnica roja. Le grité a mi mamá y a mi papá. El joven (creo que era mi ángel de la guarda) se metió a mi clóset y corrí por el pasillo al cuarto de mis papás, me quedé con ellos toda la noche.

Muchos años después, mi mamá y yo hablábamos sobre el marco roto de la ventana por la que mi hermano y yo nos salíamos. Le dije que nunca supe cómo se había roto. Sabía que ni mi hermano ni yo lo habíamos hecho. Me contó que alguien trató de entrar por esa ventana la noche que yo vi a mi ángel. No me había dicho nada porque no quería que me diera miedo dormir en mi cuarto. Ahora sé que mi ángel estaba cuidándome esa noche.

Bebé ángel
Por Suzanna Lonchar

El bebé gordito de mi vecino siempre me sonreía. Yo tenía unos once años y siempre iba a jugar con él, vivía a tres casas de la mía. Le llamaban Baby Butch y yo lo adoraba por su hermosa sonrisa y buen carácter. Tenía nueve meses, era un lindo bebé con la cabeza llena de rizos.

La mamá de Baby Butch tenía que salir una tarde y no encontraba niñera. Le preguntó a mi mamá si yo podía cuidarlo, pero le contestó que era demasiado joven como para tener esa responsabilidad.

Más tarde desperté y tuve la visión más hermosa que hubiera visto jamás. Baby Butch estaba flotando a los pies de mi cama rodeado de nubes. La visión brillaba tanto que iluminó mi cuarto. Llevaba puesta una corona, se veía rodeado de diamantes, rubíes y joyas que brillaban como luces de ángeles. Él reía y estaba contento. Tenía unas alitas y traía puesta una túnica roja de terciopelo brillante. ¡Era hermoso! Se parecía a una ilustración de Jesús niño que había visto, con sus rizos cobrizos. La visión duró solo unos segundos, pero fue real, tenía los ojos bien abiertos y no fue ningún sueño. Después debo haberme quedado dormida.

Temprano en la mañana, me despertaron unos golpes histéricos en la puerta. Brinqué de la cama y bajé corriendo. Era la vecina que gritaba histérica, "¡Baby Butch está muerto! ¡Está muerto!".

Eran las seis de la mañana y la mamá acababa de regresar después de haberlo dejado solo toda la noche. Al ir a su cuna, descubrió que estaba muerto. Al parecer, se había ahorcado o asfixiado con las sábanas que tenía alrededor del cuello.

Baby Butch me visitó esa noche para enseñarme que ahora era un ángel. Estaba dándome un mensaje de que no estuviera triste porque ahora estaba con Jesús. Desde entonces sé que la muerte no es el final, el cielo existe y los ángeles son de verdad.

Lo que ve un niño
Por Pamela Weber

Jessica, mi hija de seis años, me dijo que casi todas las noches ve ángeles cuando se despierta en mitad de la noche y que le cantan lindas canciones de cuna para que se vuelva a dormir. Una noche, les preguntó a los ángeles a dónde se iban cuando salían de su cuarto y le preguntaron si quería ver.

Cuando Jessica les dijo "¡Sí!", los ángeles se la llevaron con ellos. Dijo que todo a su alrededor se volvió de color rosa y morado brillantes. Vio ángeles adultos, ángeles niños y ángeles bebés, y todos cantaban hermosas canciones. Dijo que, cuando la llevaron de regreso a su cuarto y se fueron, entraron a una luz brillante. Estaba muy emocionada y espera con ansias encontrarse con ellos en su sueño.

Le dije que es una niñita sumamente afortunada y que nunca permita que nada ni nadie se interponga entre ella y sus ángeles.

Vi a mi tía, ¡aunque no la conocí ni había oído hablar de ella!

Por Mary Anne Luppino

Cuando tenía siete años soñé que una víbora me mordía en el tobillo, y me dolió tanto que me desperté y me senté de repente. Vi una figura en la puerta de mi cuarto, parecía mi mamá. Traté de ir hacia ella, llorando, pero desapareció lentamente. Enseguida llegó mi niñera para ver por qué lloraba. Resulta que mi mamá no había regresado todavía.

Años más tarde, me di cuenta de que había visto al espíritu de la hermana de mi madre, Belle, que murió a los dieciocho. Belle y mi mamá se parecían muchísimo. Años después, un síquico, que no sabía nada de la muerte de mi tía, me dijo que una mujer llamada Belle era mi ángel de la guarda. La describió y me dijo qué tipo de vestido traía. Cuando se la describí a mi mamá, empezó a llorar porque ese vestido era el favorito de su hermana.

El abuelo que no conocí

Por Luann Brown

El 20 de diciembre a las 2:10 a. m., tenía dieciséis años, sonó el teléfono para informarnos que acababan de pedir una ambulancia para mi abuela, que estaba muy enferma. Mi papá la alcanzó en el hospital; la llevaron a terapia intensiva porque había tenido un infarto. Cuando se fue, mi papá dijo que mi abuela estaba bien y había hablado con ella.

Mi abuela vivía con nosotros desde que yo tenía cinco años y éramos muy cercanas. Durante todos esos años compartimos historias especiales y era más como una segunda madre para mí. Cuando papá regresó, nos contó los detalles de la condición de mi abuela y dijo que estaba descansando cómodamente.

La mañana siguiente, a las 7:30, estaba secándome el pelo frente al espejo. Mis papás ya se habían ido a trabajar y vi a un hombre parado en la entrada. Me dijo: "Tu abuela murió". Volteé a ver pero no había nadie.

Sentí tanto miedo que llamé a mi papá, me dijo que llamara a la policía y que ya iba a la casa. Su trabajo estaba como a cinco minutos y la policía ya estaba ahí cuando él llegó. Registraron la casa pero no encontraron nada. Se fueron y papá me llevó a la escuela. Nadie me preguntó si el hombre me había dicho algo. Mis papás fueron a recogerme después de la escuela, algo que jamás hacían. Llegamos a la casa y mi papá me dijo que la abuela había muerto.

Le dije que ya lo sabía. Preguntó cómo lo sabía y le dije que eso me había dicho el hombre. Mi papá empezó a llorar. Hasta la fecha está seguro de que era su padre. Mi abuelo murió cuando mi papá tenía solo catorce años.

El ángel de la alberca
Por Jenn Krejci

¡Recuerdo el día en que un ángel me salvó la vida como si hubiera sido ayer! Debo haber tenido como cinco años. Estaba en el jardín de la casa en Poughkeepsie, Nueva York. Oí risas y corrí a la reja. Mi vecino y su mamá estaban jugando en la alberca.

Me vieron y me gritaron: "¡Jennifer! ¿Quieres venir a jugar con nosotros?".

Por supuesto que entré corriendo a mi casa a pedirle permiso a mi mamá y me puse el traje de baño. No sabía nadar, así que usaba una llanta inflable. Debo haberme tardado 20 segundos en cruzar el pasillo, abrir la reja de la casa del vecino, subir las escaleras de la alberca, ponerme la llanta y aventarme.

La tarde transcurrió mientras nosotros jugábamos en la alberca y se me ocurrió ver qué pasaba si me quitaba la llanta. *¿Y si me la quito?* Mis brazos estaban cansados, *¿y si me la quitaba solo un ratito?* Nadie estaba viéndome. La vecina estaba de espaldas, del otro lado de la alberca hablando con alguien que estaba afuera, y mi amigo estaba dentro de la casa, en el baño.

Así que me la quité un segundo y pataleé, y floté durante... tres segundos —y me hundí—. No pude agarrar la llanta mojada. No sentí pánico, solo me preguntaba cómo hacerle para dejar de hundirme. Estaba aguantando la respiración mientras veía que la superficie de la alberca se alejaba cada vez más. El sol hacía ondas en el agua y el cielo azul también se veía lindo.

Llegué al fondo y busqué la llanta. Estaba demasiado lejos. Brinqué para tratar de alcanzarla. No pude. Seguía aguantando la respiración. No tenía miedo. Sabía que no debería estar debajo del agua pero, ¿cómo le hacía para llegar a la superficie?

Volví a estirar los brazos, alguien me agarró las muñecas y rápidamente me sacó del agua. Vi pelo castaño y el cielo azul, y pensé que seguramente era la mamá de mi amigo, y yo iba a tener problemas por haberme quitado la llanta. Subí rápido, rápido, rápido, y volví a quedar dentro de la llanta, y mis brazos a los lados de la llanta. Era como si nunca me la hubiera quitado.

Respiré muy profundo mientras rápidamente me quitaba el pelo y el agua de los ojos, y volteé a darle las gracias a la mamá de mi amigo... pero ella seguía de espaldas hablando con la misma persona. Mi amigo acababa de salir de la casa. Pensé: *¿Quién era esa persona de pelo café que me agarró y me puso de nuevo en la llanta?* Nunca dije nada porque seguramente me regañarían por haberme quitado la llanta.

Hoy trabajo de niñera para muchas familias y a cada niño que cuido le cuento del ángel de pelo café que me salvó de ahogarme, y que desapareció antes de que le diera las gracias.

Les digo que, cuando se evita un accidente, tienen que decir: "¡Gracias, ángeles!".

Alguien que da, no que toma
Por Lee Lahoud

Mi papá se suicidó cuando yo tenía once años y mi mamá desarrolló un problema con la bebida, lo cual hizo que emocionalmente fuera incapaz de ayudarme a entender la tragedia, ni a lidiar con ella. En el catecismo de los domingos me habían enseñado que el suicidio era el peor de los pecados y de verdad me preocupaba lo que le había pasado a mi papá. *¿Se había ido al infierno? ¿Yo tuve la culpa?*

El único lugar donde sabía que podía encontrar respuestas era la iglesia, así que le conté al pastor lo que me preocupaba. Me dijo que sí, que mi papá definitivamente estaba en el infierno, es más, yo también me iba a ir al infierno además de mis hijos y sus hijos, cuatro generaciones. Los pecados de los padres se transmiten a los hijos, me dijeron. Alguien debía pagar y ese alguien era yo.

Me sentí devastado. No había razón por la cual seguir vivo —ni esperanzas, ni nada—. ¿Por qué tendría hijos si sabía que estarían condenados desde que nacieran? Me fui a mi casa, me senté en el piso de mi cuarto y decidí morirme. Entonces vi una luz. Primero pensé que era la luz del sol, pero ahí en la luz, sentado en el piso con las piernas cruzadas, había un hombre muy contento que sonreía. Tenía el cabello largo, hermoso y resplandecía. Me encantó su pelo y el hecho de que estuviera tan feliz. Platicamos, algo que en ese momento me pareció lo más normal y natural del mundo.

Me dijo que podía morirme si quería —que la decisión era mía—. No había juicio en ello, ni bueno ni malo, solo había consecuencias. Lo que fuera que decidiera, estaba bien. Pero también supe que si decidía morirme, regresaría y estaría en la misma situación, tomaría la misma decisión, una y otra vez. Estaba seguro de que eso no era lo que quería, así que decidí mejor quedarme.

Entonces el ángel me dijo que decidiera cómo quería vivir. Vi dos posibilidades diferentes —el camino de "alguien que da a la vida" y el de "alguien que toma de la vida"— y debía elegir una. De nuevo, era una decisión sin juicios. La decisión era completamente mía. Me enseñó una visión de a dónde conducía cada camino... y elegí el camino de alguien que da.

El abuelo visitó a Ariel

Por Mary Ellen

Cuando mi hija Ariel tenía ocho años, descubrí que tenía muchos dones espirituales. Era capaz de ver auras, escuchar a sus guías y ángeles y decirte las intenciones de la gente y su integridad.

Una noche, Ariel me llamó desde su habitación. Con su dulce voz amable dijo que su abuelo estaba dormido en la otra cama de su cuarto. El abuelo de Ariel había muerto hacía seis años. La razón por la que estaba ahí y si la había "espantado" me pusieron un poco nerviosa.

Así que le pregunté a Ariel qué hacía el abuelo ahí y contestó: "Vino a ver cuánto he crecido".

Desde ese momento, me sentí tranquila con sus dones. Sabía que Dios se los había dado y que la protegería y la guiaría durante su vida, de manera que yo no podría hacerlo. Cuando una madre sabe que los ángeles guían a su hija, educarla se vuelve un gozo y no un motivo de preocupación.

Canciones del cielo
Por Doreen Wetter

Para mi hija Brittany, la hora de irse a la cama era la menos favorita del día. En las noches, siempre nos pedía que nos quedáramos con ella hasta que se durmiera. Esto resultaba agobiante para mi esposo y para mí.

Una noche, estaba preparada para la petición de Brittany, cuando me dijo: "Mami, no tienes que quedarte aquí hasta que me duerma, los ángeles me van a acostar". Mi hija describió a unas personas hermosas que vestían capas largas y brillantes. Esa gente hermosa le cantaba para que se durmiera.

"Aquí voy a estar esperándolo"
Por Diane Lynn Willard Zarro

Tenía nueve años cuando mi abuela murió de un infarto fulminante. Acababa de enterarme de su muerte y me encerré en el baño para poder estar sola. Nunca se había muerto alguien que yo conociera y empecé a preguntarme a dónde había ido, qué le había pasado a su alma y cosas por el estilo. De niña fui a la iglesia pocas veces, pero creía firmemente en Dios y le hablaba por medio de mis oraciones todas las noches. Sola, en el baño, empecé a rezar para pedirle una señal de que mi abuela todavía existía, que no estaba sola ni asustada en algún lugar oscuro sintiendo dolor.

Casi al instante, mi abuela apareció en el otro extremo del baño en una nube brillante. Parecía que estaba viéndola desde el otro lado de una pecera llena de agua. Mi abuela no había sido especialmente bonita, pero se veía tan hermosa y feliz. Iba vestida con un lindo vestido color turquesa y tenía el pelo recogido, como si fuera a un evento importante.

Habló. En realidad no movió los labios pero su voz se proyectó con claridad en mi mente. Dijo: "Hola, mi amor. Tengo poco tiempo, solo quiero que sepas que estoy bien. Estoy con mi mamá, mi hermana y el resto de la familia que ha muerto". Los ojos se me llenaron de lágrimas y sentí miedo. Su imagen empezó a borrarse y dijo: "No quiero asustarte, ya me voy".

En voz alta le dije: "¡No! No te vayas. Perdón. No tengo miedo. Dios, por favor no te la lleves todavía. ¡Quédate, por favor!".

La imagen de mi abuela desapareció y dijo: "No puedo quedarme. Solo tengo unos instantes más. De verdad, ya no debería estar aquí. Pero quiero asegurarme de que sabes que estoy bien. Estoy feliz y ya no tengo dolor. Aquí voy a estar esperándolos cuando llegue su hora, dentro de muchos años". Y se fue.

Esta experiencia me ayudó a saber que Dios tiene un plan para cada uno. No me da miedo mi muerte y sé que cuando mueran mis otros familiares, se van a ir a un lugar hermoso.

Fue un momento muy especial en mi vida y nunca voy a olvidarlo.

Un salón de clases lleno de ángeles

Por Janette Rodríguez

Matthew, mi hijo, acababa de cumplir cinco años y estaba listo para ir al kínder. Me preocupaba porque sabía que era clarividente y clariaudiente.

En mi casa siempre hablábamos sobre Dios y los ángeles. Compartíamos nuestras visiones y lo que soñábamos, y veíamos ángeles en la casa. Mi hija, Faith, tuvo algunas dificultades cuando expresó su alma en la escuela, lo cual nos hizo saber que mucha gente no está dispuesta a aceptar quién es en realidad. Como consecuencia, Faith canceló sus dones de clarividencia y clariaudiencia. Los niños pueden ser muy crueles, así que Faith aprendió lo que no debía compartir en la escuela.

Esa era la razón de mi preocupación con Matthew, él es todavía más expresivo verbalmente que su hermana, lo cual lo haría objeto de burlas. Constantemente rezaba por esa situación.

¡Mis oraciones fueron escuchadas! Cuando fui a recoger a Matt el primer día de clases, corrió a abrazarme y me dijo: "¡Mi maestra cree en ángeles, mami! Y quiere hablar contigo".

Conocí a la maestra de Matthew, una mujer muy agradable. Después de hablar un rato, me dijo lo maravilloso que era tener a mi hijo en su clase y lo curioso de que otros seis estudiantes también hablaran con tanta familiaridad de los ángeles. Dijo que nunca le había pasado y que era una bendición.

Ahora, todas las mañanas que llevo a Matthew a la escuela, en el salón se oye música para crear un ambiente tranquilo —la maestra pone discos que dicen "Ángeles" en el título—. Matt dice que en su salón hay una silla especial para los ángeles y que todos salen juntos a comer en el recreo.

Tranquilizando a baby Carly
Por Brenda Colling

Estaba de niñera en el hotel Hilton, de Sidney, mientras la mamá de Carly iba a una conferencia, cuando sucedió algo maravilloso.

Ya casi era de noche y Carly se había quedado dormida. Todo estaba bien —¡o eso pensé!—. Entonces algo la sobresaltó y empezó a llorar. Carly estaba despierta.

Entré sin hacer ruido y ahí estaba, paradita en su cuna de viaje, tallándose los ojos. Me pareció que se sorprendió al verme en lugar de a su madre. Con la esperanza de que no se asustara por verme, llamé a los ángeles para que me ayudaran a tranquilizarla y que su madre no tuviera que volver pronto.

Llamé a la amorosa energía del Arcángel Chamuel para que me ayudara con esa situación. Entonces, Carly se acostó, seguía tallándose los ojos pero con una calma sorprendente. Con suavidad, le pregunté: "¿Puedes ver a los ángeles, verdad?", y Carly señaló detrás de mí.

Sí, los ángeles estaban ahí y podía verlos. Estaban cuidándonos y tranquilizando a Carly para que se volviera a dormir.

Y se volvió a dormir, durmió profundamente toda la noche. Gracias, Arcángel Chamuel, por tu amorosa ayuda.

"No estés triste"
Por Bill Fletcher

En febrero de 1990 perdimos a la menor de mis hijas, Emma, cuando su mejor amiga la llamó desde el otro lado de la calle y Emma cruzó sin siquiera mirar que venía un coche. En el hospital, le pusieron un respirador artificial, pero era obvio que no iba a recuperarse. Emma murió en el hospital.

Mi hija mayor, Elizabeth, estaba demasiado triste como para dormir en la habitación que compartía con su hermana, así que pusimos su cama en nuestro cuarto. Dos domingos después dijo que la tarde anterior vio a su hermana y que ya podía regresar a su habitación.

Le pregunté qué había pasado y me contestó que Emma se paró junto a su cama y le dijo: "No estés triste. Estoy bien". Le pregunté si lo había soñado y me contestó que estuvo sentada en su cama hablando con su hermana, así que no pudo haber sido un sueño.

La mejor amiga de Emma (la que la llamó desde la otra acera cuando sucedió el accidente) vino a verme unos días más tarde y, emocionada, me dijo que ella también había visto a

Emma. Me contó que le dijo: “No estés triste, tenía que pasar. Yo estoy bien”.

Capítulo 7

Visiones de Jesús y otros Maestros ascendidos

La corona de María

Por Tia Johnson

Soñé que estaba en un museo viendo una pintura de la Virgen María cargando al niño Jesús. De la nada, la pintura se movía lentamente. La Virgen me sonreía, estiraba el brazo derecho y me daba la hermosa corona roja con adornos dorados y una joya con forma de diamante en la parte superior... y desperté. Estaba maravillada de que la Virgen me hubiera dado ese regalo.

Unos días después, fui con mi hermano a la tienda *Burlington Coat Factory*. Él quería ver algo y, de nuevo, pasó algo sorprendente... vi figuras en miniatura de la Virgen María con esa misma corona en la cabeza. ¡Casi brinqué de la sorpresa! Fui a una escuela católica durante varios años y nunca había visto la imagen de la Virgen con esa corona en específico. La había visto representada con un manto azul y blanco sobre la cabeza y un halo dorado, pero nunca con esa corona. Estaba sorprendida. ¡Qué confirmación! Entonces pensé que había sido un regalo que ella escogió para mí —no sabía que estaba dándome su "corona"—. Un gran honor.

UN AMOR INDESCRIPTIBLE
Por Janine Cooper

Estaba viviendo en Santa Mónica en una casa de huéspedes. En el mes de junio solía haber mucha niebla, así que el ritual de todas las mañanas era asomarme por la ventana al levantarme para ver cómo estaba el día.

Esa mañana en particular había tenido un sueño muy real e importante para mí. ¿Fue un sueño? En el "sueño" estaba sentada en la cama y miraba hacia la ventana. En las cortinas orientales estaba el sudario de Jesús —solo el rostro, de más de un metro de tamaño—. Pensaba, "¡Mira, es Jesús!". Y al decirlo, la cara se volvía muy clara y desprendió un rayo de luz blanca directo hacia mí. ¡La luz me paralizó! Estaba sentada en la cama mirándome las manos y estaban tiesas. Recuerdo que también tenía la mandíbula trabada. Era como si me hubiera dado un ataque, pero la sensación era de puro gozo.

No tenía miedo. De hecho, nunca me había sentido tan amada. Era como si la luz hubiera sido de puro amor. Cuando se disipaba la sensación de estar paralizada y la luz se desvanecía, escuché una voz que decía: "Es un pequeño ejemplo del poder del amor de Dios". La luz se apagó y la imagen de Jesús desapareció.

Desperté, me senté en la cama y lloré como media hora. Sentía como si hubiera tenido una enorme sanación, un regalo de lo que hay para nosotros si lo pedimos. ¡Y es tan poderoso! Fue la experiencia más increíble e importante que jamás he tenido, sin duda.

Jamás sola
Por Kimberly McCright

Cuando estudiaba en la universidad, me fui a vivir con mis abuelos porque residían en la misma ciudad donde estaba mi universidad. Después de varios meses, aún no tenía amigos ni había salido con nadie. Me sentía muy sola. A mi alrededor siempre había parejas y grupos de amigos.

Me deprimí mucho y, un día mientras me bañaba, no pude más y me puse a llorar. Estaba enojada con Dios, me preguntaba dónde estaba pues me sentía tan sola. Le recé a Jesús y le pedí que viniera a mi vida y me ayudara en esta época tan difícil.

Cuando abrí la cortina para salir de la regadera, tuve la visión más increíble. El espejo estaba completamente empañado, excepto por unas líneas que formaban una cara con cabello largo y barba y bigote. También vi la forma de los ojos y la nariz. ¡Era como Jesús!

No creía lo que estaba viendo y me quedé mirando. Sentí una cálida ola de amor y supe que nunca estaba sola. No puedo describir lo sanada que me sentí en ese momento. Me sentí tan bendecida porque Jesús se me mostró de esa manera, para que no se me olvidara que siempre está presente, siempre escucha.

El que me hubiera pasado a mí, que solo era "alguien" hizo que me sintiera especial. Me di cuenta de que todos somos igualmente importantes a los ojos de Dios, todos merecemos Su amor y jamás nos deja solos. Desde entonces, nunca he vuelto a sentirme sola. Poco tiempo después de ese día conocí a mi mejor amiga, que me presentó a mi esposo.

UN SANTO JUNTO A MI MAMÁ

Por Virginia E. Perry

Mi mamá tenía leucemia y estaba en el hospital; después de hacerle varias transfusiones sin éxito, los doctores y mi hermana decidieron que era hora de que se reuniera con papá en el cielo. Mamá tenía miedo de morir porque pensaba que el mal estaba esperándola para atraparla. Intenté asegurarle por teléfono que solo vería caras amigas y a mi papá saludándola cuando llegara al otro lado.

En ese momento no tenía trabajo y vivía en California. Obvio decir que me sentía muy triste por no tener dinero para poder estar a su lado. Medité sobre la situación y busqué ayuda de mi guía más querida, Santa Teresa. Ella se me ha aparecido una o dos veces cuando ayudaba a amigos enfermos.

Me atreví a pedirle a Santa Teresa que fuera con mi mamá porque yo no podía hacerlo. Unos meses después de que muriera, mi hermana Ramona y yo estábamos hablando. Me contó que una linda monjita estuvo todo el tiempo con mamá. Cuando le pregunté por ella, mi hermana describió el color de su hábito ¡y me dijo que se llamaba Hermana Teresa! Gracias Dios y amada Santa Teresa. Jamás han dejado de responder a mis oraciones.

"¿Jesús está en tu casa?"
Por Sherry L. Gunderson

Recientemente había leído el libro de Doreen, *Angel's Visions*, y empecé a rezar para pedir una visión del mío. No pasó nada de inmediato, pero como una semana después, tuve un sueño que no entendí entonces. Soñé que me despertaba la llamada de mi amigo Ernie.

"¿Bueno?", dije al contestar el teléfono.

Me preguntó bastante asombrada: "Sherry, ¿Jesús está en tu casa?".

Estaba acostada boca arriba con el teléfono en la oreja mirando al techo y negando con la cabeza mientras contestaba, "No, no veo a Jesús". No me pareció que el sueño tuviera mucho sentido. De hecho, creí que significaba que no era muy religiosa.

Una semana después iba manejando de regreso del trabajo, y me llamó la atención un brillo de colores en el cielo. Miré a la izquierda y vi al rostro de Jesús rodeado de una luz amarilla. Me bajé los lentes oscuros para ver bien y me preguntaba si los demás veían lo mismo que yo.

Antes de que me diera cuenta, llegó el momento de dar vuelta a la derecha y dirigirme hacia el norte; estaba a pocos minutos de mi casa. Me sorprendió que la imagen de Jesús seguía en las nubes cuando llegué. La única diferencia es que estaba mirando hacia arriba y no hacia el frente. También noté que tenía algo en la frente (me han dicho que era la corona de espinas). No podía creer lo que estaba viendo.

Pete, el amigo de mi hermana, estaba afuera cerca de mi coche. Señalé al cielo y le dije: "Dime si es Jesús o estoy alucinando".

Pete miró la imagen y dijo: "Sí, es Jesús".

No había relacionado ambas cosas hasta que me di cuenta de que en el sueño, cuando mi amigo Ernie preguntó: "Sherry, ¿Jesús está en tu casa?", era para prepararme para lo que iba a ver una semana después.

Jesús me sanó
Por Debbie Graham Hoskin

Hace unos 20 años tuve una experiencia cuando estaba de gira; cantaba profesionalmente por todo el país siete noches a la semana en la cadena de hoteles Sheraton. Debido al apretado calendario y a la falta de descanso empecé a tener problemas con la voz. Solía estar ronca en las mañanas, pero después de descansar la voz todo el día, para la noche ya estaba bien. Después de varios meses así se volvió cada vez más difícil recuperar la voz.

Una mañana, me levanté y mi voz estaba peor que nunca. Me molestaba mucho la idea de dejar colgados a los miembros del grupo, y ya ni decir del público. Decidí rezar porque no sabía qué más hacer. Cerré las cortinas, puse el letrero de NO MOLESTAR en la puerta y desconecté el teléfono. Me arrodillé en el piso. Dije con convicción: "Dios, tienes que arreglar mi voz. Sé que estás ahí y sé que me escuchas. Te pido que me arregles la voz. No me voy a levantar hasta que no me arregles la voz. Creo en que puedes sanarme". Recé intensamente durante unas tres horas.

Empecé a sentir una presencia en mi habitación, como si alguien acabara de entrar. Miré y vi el rostro de Jesús en la puerta. Me paralicé de miedo. Se llevó el miedo que sentía y me dijo sin palabras: "Yo soy amor y bondad".

Él y su mensaje eran tan fuertes que me sobrepasó. Se acercó a mí. Sentí una mano que me pasaba por la garganta y un intenso calor en esa parte. Después sentí que la presencia se iba. Empecé a sudar. Estaba sanada y le agradecí a Dios.

La experiencia me cambió como persona y también cambió mi manera de percibir la vida. Sin importar los problemas que experimentara, siempre sabía que Dios es mi amigo. Pasaron diez años antes de que le contara esta experiencia a alguien. Estaba segura de que nadie me creería. Sigo cantando pero me han llevado a cumplir un propósito superior en la tierra. Ahora trabajo con víctimas de abuso.

¡Tanto amor!
Por Marsha Zaler

Tuve un sueño maravilloso que jamás voy a olvidar: estaba sola en una habitación blanca, no sabía dónde estaba. Con el rabillo del ojo vi una hermosa luz blanca. Cuando volteé vi al Sagrado Corazón de Jesús con el dedo índice apuntando hacia su pecho. Me veía con tanto amor que no podía apartar los ojos de él. Estaba tan hermoso y la luz estaba llena de amor.

Miré hacia arriba y aparecieron las palabras *Jesús y María te aman desde el cielo*. Después, la frase cayó al cielo con el ruido más fuerte que jamás he escuchado. El sueño fue tan emocionante que me desperté llorando.

La Virgen María me elevó
Por Michelle Haynes

Estaba a punto de terminar la universidad y parecía que muchas cosas desafiantes estaban pasando al mismo tiempo. Estaba costándome mucho trabajo despedirme de la vida de universitaria y tenía una profunda depresión. Y por si fuera poco, muchas personas importantes en mi vida estaban yéndose lejos.

La pérdida más importante que experimenté fue la de mi terapeuta, que se estaba mudando. La veía en el centro de orientación de la universidad donde la norma eran las terapias breves, por ser la mayoría de los consejeros pasantes en entrenamiento. Tuve la gran oportunidad de trabajar con ella durante dos años, sin embargo, el final de nuestras sesiones era inevitable.

Con todos los cambios y pérdidas, me deprimí al punto de considerar el suicidio. Para deshacerme de mis sentimientos de desesperación decidí hacer un retiro de silencio. De vez en cuando me voy sola para reorganizarme y escapar del ajetreo de la vida diaria. Suelo quedarme en un centro donde viven monjas de retiro. Estar en ese lugar siempre me ha dado sensación de consuelo. Hasta la fecha espero con ansia esos días en los que no hablo con nadie. Solo estoy conmigo misma y hablando con Dios. Me da un gran bienestar.

Cuando estaba en ese retiro en particular, me sentía en paz aunque tenía depresión. Durante la segunda noche de mi estancia, pasó algo totalmente indescriptible.

Acababa de terminar mi diario y de leer libros de espiritualidad y me quedé dormida sin apagar las luces. De repente, las luces se volvieron menos intensas. Empecé a oír un zumbido como si fueran cientos de abejas. Entonces sentí que me salía de mi cuerpo. Primero me aterré, pero empecé a pensar, *Suéltate, agarra a Dios*. Seguía repitiendo ese mantra mientras sentí que me elevaba y salía de mi cuerpo físico hasta flotar en la habitación.

Después vi a una entidad blanca que entraba flotando a la habitación. Al principio no supe lo que era, después me di cuenta de que era la Virgen María. Me tomó de la mano y me llevó fuera del centro de retiro. Estábamos flotando en el aire. Recuerdo que vi las luces a mi alrededor, era una vista increíble. Me llevó volando a un lugar donde empecé a comunicarme con tres increíbles luces brillantes.

Hasta la fecha, no tengo idea de lo que me dijeron las tres entidades. Solo me acuerdo de estar suspendida en el aire sobre lo que parecía ser California, ¡justo California! Las tres entidades formaron un triángulo. Cuando cada luz me hablaba, la entidad se volvía más brillante y la intensidad de las demás disminuía. Lo que sea que me hayan dicho, me cambió la vida. Después regresé con la Virgen María a mi habitación en el centro de retiro y volví suavemente a mi cuerpo. Mientras volvía escuchaba un zumbido y sentía un cálido cosquilleo.

Me incorporé de inmediato en la cama y supe que esta experiencia había sido más que un sueño. Mi depresión se esfumó y las cosas en mi vida comenzaron a cambiar para mejor. Jamás olvidaré esta experiencia.

¡Un brillo increíble!

Por Susan

Era madre por primera vez, tenía diecinueve años y vivía con mis papás y mi bebé, porque su padre nos había abandonado. En toda mi vida solo había ido a la iglesia unas diez veces. Nunca leía la Biblia y no rezaba mucho. Pero tuve un sueño que me cambió la vida.

En el sueño, caminaba desde mi cuarto en casa de mis padres hacia la sala. En el comedor, Jesús estaba sentado a la mesa junto con otros hombres vestidos con el mismo tipo de ropa. En mi sueño debe haber sido de noche pues sentí que mis papás estaban dormidos. Alrededor de Jesús había un intenso brillo.

Con mucho miedo corrí a la habitación de mis padres para que se despertaran. Estaba gritando: "¡Váyanse!", a Jesús y a los demás. Pero mis papás no se despertaron. Sentí que era una pesadilla. Y, por alguna razón, dejé de gritar y regresé a la sala.

Jesús se levantó de la mesa y caminó hacia mí. Ya no tenía miedo. Cuando llegó cerca de mí, caí sobre mis rodillas. Recuerdo que era extremadamente brillante, como un halo. Su cara estaba llena de paz y era hermosa. Su túnica era blanca brillante y tenía una tira azul. Cuando pienso en el sueño, lo que más recuerdo es que Jesús era intensamente brillante.

Cuando estaba de rodillas mirándolo, dije: "Perdóname" una y otra vez. Me tocó con la mano izquierda. No lo vi mover los labios pero oí que me decía: "Te perdono". Cuando escuché esas palabras me sentí cálida, en paz, feliz y llena de amor. Tenía sentimientos que no pueden sentirse en este mundo. Esa impresión fue muy fuerte. Sentí que formaba parte de su brillo, de su inmenso amor y su calidez. En eso me desperté. No supe por qué tuve ese sueño, pero sabía que era especial pues fue súper real.

Después del sueño conseguí una Biblia y empecé a leerla todos los días. Cuando leía las partes de Jesús tenía hermosos sentimientos, pues sentía que era mi hermano y un amigo íntimo.

El trío sanador
Anónimo

Vi una aparición del Arcángel Rafael, Jesús y lo que creo que era mi espíritu guía —un viejo sabio del Tíbet—. Pasó el año pasado, cuando mi esposo no estaba bien de salud. Tenía mucha calentura, un fuerte resfriado y estaba congestionado. Una noche estaba especialmente mal. Recé, le pedí a Dios y a los ángeles que ayudaran en la sanación de mi esposo.

De repente, Rafael, Jesús y un espíritu se aparecieron en la esquina derecha de mi habitación. El trío estaba rodeado por luces brillantes. Las figuras me dijeron que colocara las manos en la espalda de mi esposo (el área de los pulmones) y en otras partes de su cuerpo para que sanaran.

Sé con seguridad que una de las figuras era Rafael porque le había rezado específicamente; por leer los libros de Doreen, sabía que su misión es sanar. Sabía que la otra imagen era Jesús. No soy fan de Jesús y me decepcionó que estuviera ahí. Básicamente, no creo en que haya existido, no creo que sea el hijo de Dios. Le pregunté al universo por qué Jesús estaba con Rafael y el hombre del Tíbet. Estaba enojada por su presencia.

La respuesta llegó pronto. Me dijeron que había sanado a mucha gente y que había venido como resultado de mi petición de sanación. No hace falta decir que mi esposo se recuperó justo después de la visión. Además, desde entonces me he reconciliado con Jesús —ya no estoy enojada.

Una operación interior
Por Cheryl Cash

Fui a la India a ver al avatar Sathya Sai Baba. Una noche dejamos abierta la puerta de nuestra residencia debido al calor. Sentí que Baba entró a la habitación y bendijo mis manos y pies. Estaba emocionada pensando, *Baba está aquí y está bendiciéndome. ¡Estoy feliz!*

Desperté y tenía irritados los pies y las manos, me di cuenta que había sentido mosquitos. Me enojé conmigo misma por pensar tonterías y pensé: *Ay, no fue Baba, eran moscos.* Pero entonces vi la imagen de Baba que caminaba hacia mi cama. Me dijo que no con la mano y dijo: "No, Cheryl, yo soy todo, eso incluye a los moscos. ¡Siempre estoy contigo".

Semanas después de haber regresado a casa, en Arizona, tuve un sueño con Baba. Jim, mi esposo, es una persona muy estética, lo que significa que se enfoca en cómo se ven la gente y las cosas. Todavía no nos casábamos y no le gustaba la forma de mi nariz. Le molestaba y pensaba que si nos casábamos algún día, quizá podrían operarme. Cuando era adolescente tampoco me gustaba mi nariz. Los comentarios de Jim aumentaron mi desprecio a mi apariencia física y me volví muy consciente de mi nariz, gorda y de punta redonda.

Me preguntaba qué pensaba Dios de que yo la despreciara. Pensé en Paramahansa Yogananda y, sobre todo, me pregunté qué pensaría Sai Baba. ¿Querer que me arreglaran la nariz me hacía una persona superficial? ¿Operarme para mantener conmigo a alguien que amo? ¿Por qué le daba ese poder a otra persona?

Bueno, en mi sueño, Baba se me apareció. Movió la cabeza de lado a lado, mirándome a los ojos con una mirada traviesa como infantil. Y dijo: "Así que, ¿no te gusta tu nariz?", y negué con la cabeza. Y me dijo: "Voy a arreglártela. ¡Ven conmigo!".

Entró a una gran tienda color naranja brillante, en la mano derecha sostenía en alto una aguja. Lo seguí y pensé: *Ay, Baba va a operarme la nariz en mi sueño —¡justo como lo que leí!—*. Pero cuando lo seguí a la tienda, todo desapareció y me desperté.

Fui al baño para verme la nariz, de verdad creía que Baba me la había cambiado —pero no, mi nariz seguía igual.

No obstante, Jim y yo nos casamos tiempo después. Cuando le hablé de buscar a un buen cirujano para que me operara la nariz, Jim no solo había cambiado de opinión, sino que dijo que no entendía por qué alguna vez le había molestado.

Sanación espiritual con Jesús
Por Louise Ratcliffe

Cuando tenía siete años tuve una experiencia traumática en la escuela católica a la que iba. Se me dificultaba aprender y era una niña tímida, así que evitaba preguntar a los profesores o pedirles ayuda. En mi primer examen de ortografía en inglés, tenía tan poca fe en mi capacidad, que pensé que solo con trampas podría pasarlo. E hice trampa, de la manera más obvia posible. Y, para mi sorpresa, me descubrieron.

Como castigo, me llevaron a la bodega de la escuela y me pegaron en las manos con una regla. La monja encargada de realizar ese cruel y humillante castigo fue mi profesora, la Hermana Anthony. El recuerdo que tengo de ella, tan vivo como si hubiera sido ayer —igual que la vergüenza, el dolor y la humillación— ha permanecido conmigo todo este tiempo. Puede parecer una tontería pero, para mí fue muy importante.

Desde ese día pasé los años que me quedaban en la escuela mirando por la ventana. Me desconectaba por completo en cualquier clase de inglés y me resigné al hecho de que era tonta. Durante muchos años guardé un profundo resentimiento por la Hermana Anthony. Al culparla por mis fallos, bloqueé cualquier posibilidad de sanar esa situación. Durante mucho tiempo me las arreglé para salir adelante con mi mal inglés.

Pero entonces tuve que estudiar para pasar un examen de seis horas que me permitiría trabajar en una agencia de bienes raíces. Estudiar me estresaba mucho, pues constantemente luchaba contra la voz de mi cabeza que me decía que era tonta y no tenía remedio. Finalmente, en una meditación pedí a Jesús y a los ángeles que me ayudaran a vencer esa falta de fe en mí misma.

En esa meditación me encontré con Jesús. Lo vi y sentí que me decía que quería llevarme a un viaje. Me tomó de la mano, me sonrió y me llevó al salón de clases a ese terrible día de 1969.

Ahí estaba la Hermana Anthony ante el salón lleno de niños. Pero esta vez, en lugar de parecer enojada, caminó hacia mí sonriendo y se agachó mirándome a los ojos. Su cara ya no se veía dura, como la recordaba, y sentí un amor y perdón desbordantes por ella y desde ella. ¡Fue tan real!

La Hermana dijo que sentía haberme lastimado y que ya no estaba en la tierra. Me dijo que me amaba y que me ayudaría a vencer mis problemas con la ortografía. La Hermana dijo que solo tenía que pedir su ayuda para obtenerla.

Pasé el examen de la agencia y ahora estoy tomando clases de inglés. Mi ortografía en inglés ha mejorado notablemente. También descubrí que soy un poco disléxica, pero puedo controlarlo gracias a que Jesús me presentó a mi nuevo ángel llamada Hermana Anthony.

La sensación más profunda de seguridad

Por Janie Daily

Mi mamá murió cuando yo tenía siete años y medio. Era una mujer maravillosa que, en esos pocos años, me enseñó más de lo que muchas mamás enseñan en toda la vida. Cuando murió, mis hermanos y yo nos fuimos a vivir con mi abuela. No le gustaban las niñas y me lo dijo sin reparos. Mi vida era un infierno y muchas veces pensaba en suicidarme.

Había veces en las que escuchaba una voz de hombre que decía mi nombre. Mi abuela me asustaba diciéndome que era el diablo. Quizá eso era lo que pensaba, no lo sé. El caso es que una noche estaba muy triste, llorando, extrañaba a mi mamá y quería reunirme con ella. En ese momento vi una luz brillante al final de mi cama. Miré con atención e, incrédula, distinguí la figura de un hombre.

Me habló y dijo que todo iba a estar bien. Debo decir que, en ese momento, me sentí más segura que nunca antes. Supe que era Jesús y, hoy, a mis 38, sigo sintiendo esa sensación profunda de seguridad.

Una hermosa lucecita
Por Karen Noe

Hace unos años tuve una experiencia "iluminadora". Estaba sentada en la cama cuando una hermosa luz vino hacia mí. Primero sentí miedo, pero después me inundó una paz increíble. ¡La luz desprendía una voz! Me dijo: "Luce, lucina. Bella luce, lucina". Después supe que era italiano y significa: "Luz, lucecita. Hermosa lucecita". Desde entonces descubrí que era San Francisco el que vino esa vez a consolarme.

¡En lo más profundo de mi corazón sé que ha estado conmigo desde entonces! Sé que está trabajando conmigo para promover la paz en este mundo y el amor por el reino de Dios, que incluye animales y plantas. Los pájaros y las mariposas han estado siempre presentes conmigo. Cuando voy con mis hijos en el coche al centro, que queda solo a cinco minutos, vemos pájaros y mariposas que se quedan revoloteando frente a mi coche. Sé que los pájaros suelen revolotear, pero no frente al coche de la gente.

Una vez que fuimos al centro, mi hijo menor contó nueve pájaros que volaron frente a nosotros, ya sea que pasaron por el parabrisas o a ras del suelo. Uno de esos hizo que bajara la velocidad, gracias al cielo, porque iba demasiado rápido. Después de bajar la velocidad vi que en la esquina había un policía. Sonreí y agradecí en silencio al pajarito por evitar que me multaran.

Capítulo 8

Visitas en sueños de seres queridos que murieron

Papá sigue con nosotros
Por Michelle Massip Handel

Mi papá murió de repente por un infarto a los 61 años. Mi mamá, mi hermano y yo estábamos impactados. Una noche después de su muerte tuve una experiencia audible, donde me decía que dejara de hacer tanto drama. Me dijo que estaba bien y que no quería que me sintiera tan triste. Le hablé a mi mamá de inmediato y me enteré de que ella había tenido una experiencia similar.

En ese momento, mi hermano estaba en la playa y me habló cuando regresó. Me dijo: "Solo quiero que sepas que estaba en la playa pensando en papá y él está bien". Después le conté que mamá y yo habíamos tenido experiencias similares.

Los tres seguimos teniendo visitas en nuestros sueños. Cuando desperté después de una visita, sentí como si de verdad hubiera estado un rato con mi papá. Sentí muy bonito. Mi papá y yo solíamos vernos en mis sueños la noche anterior a mis cumpleaños. Pensaba que era su regalo de cumpleaños.

Un día mi mamá me dijo que se había puesto a llorar porque no podía arreglar algo de la casa, algo de lo que papá se hubiera encargado. Lo oyó decirle que tomara una herramienta del garaje, incluso le dijo específicamente cuál era.

Mi papá ya no me visita en sueños, que yo recuerde, pero sigo hablándole y siento su presencia.

La luz y la rosa
Por Cheryl Anne

En febrero de 1991, mi suegra murió después de una larga lucha contra una enfermedad pulmonar obstructiva. Tuvo una muerte lenta y dolorosa, fue una época muy difícil. Mi primer hijo, y su primer nieto, tenía apenas cuatro meses cuando murió. Creo que su deseo de verlo la mantuvo viva esos últimos meses.

Como una semana antes de que muriera tuve un "sueño" en el que era transportada al santuario de la iglesia donde fue el entierro de mi suegra. Durante poco tiempo, quizá un minuto, estuve sola. Entonces apareció. Estaba tan hermosa. Se veía como había sido, de figura gruesa y cara redonda, pero resplandecía. Nunca se había visto tan sana y brillante.

Me saludó con su manera jovial de siempre y dijo: "No te preocupes, estoy bien. Ya no estoy enferma y ¡es maravilloso!". Traía un camisón floreado. Dijo que traía puesto eso porque Dios lo había puesto en su jardín, un lugar más hermoso de lo que nadie podía imaginar. Pude oler las flores que me describió. Sentí pura paz.

Lo siguiente que recuerdo fue que mi esposo me despertó. Nos sentamos en la cama sorprendidos. El pasillo que daba a nuestra habitación estaba lleno de una luz maravillosa. Ninguna luz de la casa estaba encendida porque era más de medianoche. En cuanto la luz se volvió más débil, giró una rosa de las que guardamos del funeral. Me dio mucho gusto que ambos lo viéramos pues, de otra manera, ¡hubiera pensado que estoy loca!

El consuelo de papá

Por Carol W.

Mi papá vivía en Arizona, muy lejos de los demás familiares y yo. Mis hermanas y yo hablamos muy seguido con él, así que nos preocupamos cuando pasaban los días y no teníamos noticias suyas. Mi hermana llamó a la policía y pidió que fueran a su casa. Lo encontraron muerto en su cama. Al parecer, había muerto hacía varios días.

No le hicieron autopsia porque el forense dijo que había muerto por causas naturales. Sin embargo, a mis hermanas y a mí no nos gustó no saber de qué había muerto papá.

A los pocos meses, me despertaba de un sueño profundo con la sensación de la presencia de mi papá a los pies de mi cama. Pero me daba miedo voltear a ver la aparición de mi papá por si se veía descompuesto, como cuando la policía encontró su cuerpo. Le hablé a mi hermana sobre mi miedo y me aseguró que papá se vería justo como era cuando estaba vivo y sano.

Pues mi hermana tenía razón. Soñé que ella y yo estábamos guardando los platos y hablando de papá. De repente, todo a mi alrededor se volvía blanco. Mi hermana ya no estaba y mi papá estaba sentado a la mesa de la cocina.

Recuerdo que se veía muy bien y se lo dije. Y también le dije que lo amaba y lo extrañaba. Me di cuenta de que no estaba fumando ni tomando café, como siempre.

Le pregunté qué había pasado. Me dijo que murió de un infarto. Después de eso desperté y desde entonces estoy en paz.

En realidad, nunca lo perdí
Por Chuck Pekala

El 1 de junio de 1998, mi papá murió de repente. Éramos muy cercanos a nuestra manera. Papá nació en los años veinte y su familia no era precisamente la más cariñosa. No lo había abrazado desde que era niño y no le había dado un beso desde que salió de una operación para ponerle cuatro *bypass*, hacía seis años. Aún así teníamos una relación cómoda para él y cien por ciento satisfactoria para mí. Ambos estábamos conscientes de lo mucho que nos amábamos.

Pongo especial atención en no olvidar fechas especiales para la gente que me importa, y el día del padre de 1998 no fue la excepción. Semanas antes de su muerte le compré tarjetas. Cuando fui a verlo sentí que era muy importante dárselas en la mano y así lo hice.

En cada tarjeta escribí notas muy personales para mi papá que nunca había compartido con nadie. Tenía que decirle que lo amaba. Le agradecí por ser el mejor padre a su manera y por hacer que nunca dudara de su amor. Le dije que me alegraba que hubiera tenido la oportunidad de vivir unos años de retiro con mamá, algo que le pedí a Dios toda la vida. Y le dije a mi papá que, aunque ya era adulto, siempre sería su hijito. Sabía que estaba orgulloso de mí y no teníamos asuntos pendientes. En la última tarjeta le dije que estaría pensando en él el día del padre y que me sentiría en paz sabiendo que él estaba con Dios.

Dos semanas después, el sábado anterior al día del padre, me fui a dormir pensando en mi papá. Tuve un maravilloso sueño en el que él entraba a una habitación y se quedaba en silencio. Me miraba y al principio parecía un poco confundido, pero después empezó a sonreír.

Le pregunté: "Papá, ¿estás bien? ¿Qué quieres decirme?".

Siguió sonriendo y me miró a los ojos. Contestó: "Quiero que sepas que estoy bien, Chuck. No te preocupes. Este lugar es hermoso y nunca me había sentido tan feliz". (Mi papá no tuvo una vida fácil).

Desperté con una enorme sensación de paz y seguridad. Mi papá estaba bajo el cuidado de Dios. Todo volvía a estar bien.

Al mes siguiente, mi mamá tuvo un sueño con papá. Él estaba ante ella tomando de la mano a un niñito rubio.

Mi mamá le decía: "Te amo tanto y te extraño, mi amor".

Papá le sonreía y contestó: "Lo sé".

Mamá lo miró y le dijo: "No entiendo. ¿Quién es ese niñito que está contigo?".

Le contestó: "No lo sé, cariño, pero estaba perdido y me dijo que no quería estar solo, así que le tomé la mano y me quedé con él".

El sueño terminó. A mi papá le encantaban los niños. Ese sueño me pareció muy típico de él y me pregunto de quién era ese niño. Rezo por los dos. Espero que la persona que perdió a su hijo también haya tenido un sueño y sepa que está bien.

Quizá al leer esto, alguien que haya perdido a un ser amado se sienta reconfortado. En realidad, no uso la palabra perdido en ese sentido, pues creo que mi papá sigue conmigo.

Vi a mi sobrino
Anónimo

Mi amado sobrino murió a los 35 después de luchar contra un melanoma maligno. Pasó sus últimos meses con sus padres en Chile y lo único que yo, su madrina, podía hacer desde el Reino Unido era rezar por él. Rezaba todos los días a sus ángeles para que estuvieran con él y le dieran fe y consuelo en su dolor.

Una noche soñé que estábamos en una reunión familiar. Todos estaban vestidos de blanco y, aunque era la celebración de una boda, todos se veían tristes y callados.

Veía a mi sobrino sentado en una silla, se veía muy débil y delgado. Estaba rodeado de un grupo de buenos amigos con túnicas que estaban muy contentos por estar con él y protegerlo. Desperté segura de que vi a sus ángeles en el sueño.

La mañana anterior a que muriera fui a la iglesia a rezar por él. Al salir, un joven venía caminando y ¡era igualito a él! Incluso su forma de caminar y su ropa eran muy parecidos. Me quedé parada y lo miré muy asombrada, el chico sonrió... y su sonrisa era como la de mi amado sobrino. Obviamente, no era una aparición —fue una persona real— pero la "coincidencia" fue sorprendente.

Abu, mi ángel milagroso

Por Jessica Grzybowski

Era una estudiante muy desorganizada y luchaba por terminar sexto grado. Llegaba a la escuela y pensaba: "¡Ay, no! Hoy tengo examen ¡y no estudié!". Y cada semana era lo mismo, no era capaz de organizarme. Los profesores sabían que tenía la capacidad de destacar en la escuela y hacían que formara parte de programas de aprovechamiento escolar, pero no lograba aplicarme.

Una mañana, el timbre del teléfono me despertó temprano. Sabía que algo le había pasado a mi abuelo, a quien le decía "Abu". Supe que había muerto y, sí, había muerto.

Todos nos fuimos a la casa de mi abuela, en Long Island, Nueva York, para el funeral. El dolor era muy fuerte en la familia. Pero hay un momento específico que recuerdo más.

Mis dos hermanos menores y yo estábamos hablando con mi abuela en su habitación. Estaba dándoles algunos objetos del abuelo de la Segunda Guerra Mundial como regalos para recordarlo. Yo me sentí decepcionado porque también deseaba conservar algo para tenerlo cerca de mi corazón, pero no recibí nada.

Falté una semana a la escuela por el funeral y fue muy difícil ponerme al corriente. Sentada en mi cuarto, haciendo un gran esfuerzo por hacer todas las tareas que me dejaron, empecé a llorar sin poder controlarme. Me sentía como si estuviera atrapada debajo de algo muy pesado y no tenía ni idea de cómo salir de ahí. El estallido emocional duró unas dos horas hasta que ya no pude llorar más. ¡Me sentía perdida!

Esa noche me fui a dormir y tuve el sueño más sorprendente. Estaba en casa de mi abuela con toda la familia. Estábamos en una gran mesa cenando en el comedor, como hicimos muchas veces. Mi abuelo estaba en la cabecera y estaba comiendo su platillo favorito: puré de papa. Yo lo miraba y él me decía: "Lo siento, mija, no tengo nada para ti". Yo solo lo veía y sentí que todo estaba bien.

Después de esa experiencia, mi vida cambió de muchas maneras. En el aspecto académico era una persona completamente diferente. Como si la antigua versión de mí misma nunca hubiera existido. Me dieron el premio como la "estudiante más aplicada" del año. En los dos años siguientes saqué el mejor promedio de calificaciones. Fui el décimo lugar de mi generación cuando salí de prepa, de 460 estudiantes.

Le atribuyo mi éxito a mi Abu. Su visita fue un verdadero regalo. Todavía sueño con él. Siento su presencia cuando visito a mis parientes en Nueva York. Era mi ángel, mi espíritu guía que eliminó el miedo de mi corazón. Sin ese miedo ¡pude hacer milagros!

La rosa roja de mi abuela
Por Susan E. Watters

Era 1972, el año que me gradué de prepa. Mi abuela materna llevaba un tiempo enferma. Vivía en otro estado y hacía tiempo que quería verme. No teníamos mucho dinero y mi madre tampoco podía hacer ese viaje para visitarla. Mi tía, que vivía con ella y la cuidaba, dijo que la abuela todo el tiempo decía que quería verme.

Mi mamá tenía dos trabajos y estaba en el segundo una noche que regresé a casa con Butch, el que era mi novio. Estábamos sentados en el sofá cuando tuve una sensación muy extraña. Le dije que mi abuela acababa de morir. Butch se rio y me dijo que estaba loca.

En eso sonó el teléfono. Le dije a Butch que no quería contestar porque sabía que era mi tío para decirnos que mi abuela se había muerto. Y otra vez, Butch solo se rio.

Contesté y era, efectivamente, mi tío para decir que la abuela había muerto. Llamé a mi mamá a su trabajo y regresó a la casa. Mi mamá fue al funeral de mi abuela pero, cuando regresó, no dijo una sola palabra sobre el mismo.

La noche anterior a que regresara soñé que mi abuela me hablaba detrás de la puerta de mi habitación. Lo primero que pensaba era: *¿Cómo es posible? Está muerta.* Pero seguía hablándome y yo tenía miedo. Pensé que no debía tener miedo porque era la abuela. Pero volvía a pensar, *¡Está muerta!*

Nunca la había visto así de joven, traía un vestido azul marino con puntitos blancos, y sonreía. Me sentaba a la orilla de mi cama y ella se sentaba junto a mí. Era como si habláramos, pero con la mente, no con la boca. Sabía que yo tenía miedo y ella me decía que no pasaba nada. Tenía una rosa roja en la mano y quería dármela, pero yo tenía miedo de agarrarla. Otra vez me decía (con la mente) que estaba bien. Tomé la rosa, me sonrió y me desperté. ¿O seguía dormida? No creo. Creo que me visitó porque quería verme. Me desperté gritando y mi mamá entró a mi cuarto.

Le conté mi sueño, me dijo que era raro y se salió llorando. Después volvió a mi cuarto y me dijo que mi abuela sí se veía mucho más joven, que la habían enterrado con ese vestido y que le había puesto una rosa roja en las manos antes de cerrar el ataúd.

Sí, creo en el mundo de los espíritus que está después de la "vida". Sin duda.

Todo está perdonado
Por Jacki Whitford

Mi papá murió en enero de 1981 a la edad de 56 años por abuso del alcohol. Nos quedamos con él todo el fin de semana pero el día que murió, nos dijo a todos que nos fuéramos a trabajar. Era lunes y no quería que faltáramos por su culpa.

Todo el día estuve hablándole por teléfono, hasta las 8 de la noche. Murió a las 10 p. m. Me sentía destrozada porque no tuve la oportunidad de decirle adiós ni "te amo" por última vez.

Diez años después soñé que estaba parada en la calle de la casa donde viví de niña, junto al buzón. Volteé a ver entre la niebla y alguien venía hacia mí. Era mi papá y parecía de treinta y tantos años.

No dijo nada, solo me jaló hacia él y me abrazó. Sentí una enorme ola de gozo. Todas las peleas que tuvimos, todos los pensamientos y emociones negativos, todos los problemas que hubo entre nosotros... se desintegraron y se volvieron amor puro. Escuché que alguien lloraba y me di cuenta de que me había despertado con un sobresalto. Sentí como si me hubieran jalado hacia mi cuerpo. Ya no tenía asuntos pendientes con mi papá, tuve una sensación de conclusión. También tuve la sensación de cómo es el cielo: puro gozo, puro amor, puro éxtasis.

Un mensaje divino de papá

Por Judith Waite

Mi papá, Colin, murió en 1987 de un infarto y por endurecimiento de las arterias. Esta condición fue efecto de sus dos vicios: beber cerveza y fumar. Decía que sus hábitos "no lastimaban a nadie, solo a sí mismo..." pero no es cierto. Cuando alguien muere de repente, la familia queda destrozada.

Mi papá no era un hombre religioso ni espiritual, solo vi que fuera a la iglesia en funerales, bodas y bautizos. Pero me visitaba en sueños y sabía más sobre el mundo espiritual que cuando estaba vivo. Me hablaba de que estaba aquí para ayudarnos a mamá y a mí con nuestros problemas personales. Cuando despertaba todavía sentía el calor de su mano sosteniendo la mía.

Tiempo después escuché que mi padre me hablaba. Me sorprendió lo espiritualmente sabio que era. Me dijo: "No hay ninguna muerte prematura. Todo es parte de un plan —no es el plan de Dios como tal— sino que las personas, al venir a la vida terrenal, eligen el momento de su muerte. Todos los bebés nacen con ese acuerdo.

"Venimos a dar, y después nos vamos. He ayudado a muchos desde que estoy en este estado y sigo haciéndolo porque amo este trabajo. Nunca me he quedado demasiado tiempo en el cementerio. La tumba es un depositario para los huesos y las cenizas, pero no para el alma. 'Honramos a los muertos' cuando los 'visitamos' en el cementerio... ¡qué tontería! Estoy más vivo de lo que jamás estuve en mi cuerpo. Si crees que la muerte es una oración con punto final cuando termina, está bien, pero el dolor está en el sufrimiento de los que se quedan. Si podemos seguir adelante, el sufrimiento termina y muchos más pueden aprender que el Espíritu está con ellos para ayudarlos".

ENERGÍA CÁLIDA Y AMOROSA
Por Laura Riffel

Un día, mi hija estaba de niñera de los hijos de mi mejor amiga y tuvo un problema con uno de sus hijos. Yo estaba en la casa de junto y fui a saludarlos. Cuando estaba en casa de mi amiga hablé con el niño que se estaba portando mal. Más tarde, mi amiga se enojó mucho cuando supo que había hablado con su hijo sobre su comportamiento. Creyó que mi hija me había hablado solo para que lo regañara. Entonces, mi amiga le gritó a mi hija, lo cual ocasionó una pelea entre las dos. Después de eso dejamos de hablarnos.

Mi amiga murió de repente a los 29 años. Me sentía terrible por nuestro pleito sin resolver. Me arrepentí mucho por ello. Unas dos semanas después de que muriera tuve un sueño muy real, un "encuentro" con mi amiga.

En mi sueño estábamos hablando en un lugar hermoso bañado por el sol. Platicamos sobre nuestra pelea y estuvimos de acuerdo en que fue una tontería y que ambas estábamos defendiendo a nuestro hijo. Me dijo que no tenía importancia, que todo era hermoso y que debería olvidar el asunto pues ella no estaba molesta y yo tampoco debería estarlo. Entonces se rio y sentí el movimiento de unas alas en mi espalda y vi una luz brillante.

En ese momento desperté y tenía mucho calor. Mi esposo se despertó en el mismo instante y por la misma razón. Revisamos la calefacción y estaba encendida. Creo que el calor venía de la gran energía de mi visita angélica. De verdad creo que mi amiga me visitó para que no me sintiera mal por nuestra pelea.

"¡Come pescado!"

Por Lynn Geosits

Lou Garret, mi tío preferido, murió en 1987. Como seis meses después, el tío Lou se me apareció en un sueño. Estaba parado junto a una mujer vestida como enfermera. "¡Come pescado!", me dijo. Y desapareció.

Me sentí revitalizada con su visita pero quería hablar con él de muchas cosas y me decepcionó que se fuera y que solo me dijera que comiera pescado. Era vegetariana desde hacía 20 años y me era difícil hacer caso a su mensaje. Me llevó un año añadir pescado a mi dieta, pero finalmente lo logré. En ese tiempo vivía en la Costa Oeste y acabé por disfrutar el pescado. Después me mudé hacia el centro del país y dejé de hacer caso a su mensaje.

Poco tiempo después desarrollé un temblor en el sistema nervioso y la cabeza. El neurólogo dijo que lo tendría el resto de mi vida y que no había cura. Frustrada por el terrible diagnóstico busqué a un médico alternativo. Me dijo que tenía desnutrición y que necesitaba más proteínas. Me explicó que había consumido demasiada soya y frijoles y que mi cuerpo necesitaba otras fuentes de proteínas y yodo.

De inmediato recordé la visita de mi tío y me di cuenta de que me había dado ese consejo incluso antes de que me enfermara. Seguí el consejo del médico alternativo y volví a comer pescado. Ahora ¡ya no tengo temblores! Si hubiera sido más disciplinada con el consejo de mi tío, probablemente nunca hubiera presentado esa condición. Sé que mi tío Lou fue mi ángel ese día y supo lo que necesitaba. En vida fue quiropráctico y se interesó mucho por las nuevas técnicas de sanación.

Nos tocó

Por Jennifer Aldrich

Mi mamá murió hace tres años. Era una gran creyente en los ángeles. Yo no creía en ellos hasta que tuvo cáncer y estaba muriendo. Pocos meses después de que muriera empezó a aparecer en mis sueños y, pocos días antes o después, mi hermana tenía sueños similares.

Un sueño en especial nos tocó a mi esposo y a mí. Tuve el sueño justo después de que compramos la casa y nos cambiamos. Soñé que estábamos metiéndonos a la cama y frente a la cama había un piano. Yo me acababa de quedar dormida y me despertaba el sonido de la música proveniente del piano y una luz blanca y espesa.

La luz se elevó y llegó hasta la cama. Vi la cara de mi mamá y me sonrió. Estiró la mano y tocó la mía y la de mi esposo. Justo después me desperté. Sentí que me había tocado y estaba llorando. Cuando le conté el sueño a mi esposo, dijo que él también sintió que mi madre le había tocado la mano.

Desde ese día no ha regresado. La extraño mucho pero sé que está en casa en el cielo donde quería estar.

TIEMPO EXTRA CON PAPÁ
Por Tatia Manahan-Heine

En enero de 2001 me casé por primera vez. Once días después encontraron muerto a mi papá. Me horroricé al escuchar la noticia porque se veía muy bien el día de la boda. Después supe que cuando me llevó al altar, les dijo a sus amigos que estaban entre los invitados: "Ya acabé mi trabajo aquí". Como si supiera que iba a morir menos de dos semanas después.

En el avión hacia casa de mis papás lloré durante todo el vuelo. Lloraba tanto que me temblaba el cuerpo. Puesto que mi papá no hablaba mucho sobre religión o espiritualidad, no estaba segura de cómo estaba yéndole en el cielo. Le hice a Dios tres preguntas específicas:

1. "¿Papá está contigo?".
2. "¿A qué hora murió?". (El forense determinó que murió el martes, pero no lo encontraron sino hasta el miércoles).
3. "¿Es feliz en donde está?".

Dios respondió de manera emotiva a mi primera pregunta cuando llegué a casa de mis papás. Mi papá trabajaba para Columbia Gas en Ohio y sabía mucho sobre sistemas de calefacción. Por eso supe que mi papá estaba haciendo notar su presencia cuando la calefacción de la casa se apagó. El técnico dijo que un interruptor del aparato estaba apagado, pero no había habido nadie en la casa y es poco probable que alguien, además de mi papá, supiera sobre ese interruptor en particular.

Quería sentirme cerca de él, tomé algunas cobijas y le dije a mamá que iba a dormir en el cuarto de mi papá mientras ella y mi hermana dormían abajo. Pero en cuanto terminé de decirlo, las luces se apagaron. ¡Supongo que papá no quería que me durmiera ahí por alguna razón!

Me dormí en otra habitación y mi papá me visitó en un sueño muy real. Sabía que era él —¡lo vi!—. Resplandecía. Me dijo que estaba bien y que ya no me preocupara. Dijo que estaba con nuestros familiares del lado de mamá. Sus dos hermanos fallecidos lo habían saludado y volvió a decirme que no me preocupara. Y entonces, como en respuesta a mi pregunta a Dios sobre la hora de su muerte, lo vi caminando, miró un reloj y comenzó a caer; el reloj marcaba las 8:42 p. m. Después todo se puso negro, lo tomé como la hora a la que comenzó el viaje hacia el otro lado.

Al día siguiente, le dije al director del funeral qué ropa llevaba puesta mi papá. Cuando nos entregó su ropa y sus pertenencias, no me sorprendió que fuera la misma ropa que traía cuando me visitó.

Papá debe haber visitado también a toda la familia y a los vecinos porque, nadie sabía de mis sueños, pero dijeron que lo habían visto la noche anterior en sus sueños. Al principio, mi mamá no me creyó —ella no lo había visto— hasta que no le describí a sus dos hermanos que vi con él en el plano espiritual. No había otra manera de que yo supiera esa información.

Me sentí bendecida por la oportunidad de tener ese tiempo extra con papá. Cuando lo extraño, pido una señal y, en cuestión de minutos, oigo su canción favorita en la radio para decirme que está conmigo.

Se aferró a mi hermana
Por Teresa

El 1 de diciembre de 1999 atropellaron a mi hermana. Fue golpeada por detrás y voló por encima del coche antes de aterrizar en el piso. Después de muchas pruebas, el doctor nos dijo que físicamente estaba bien pero tenía una lesión en el cerebro. Creían que podía perder la vida y no podían darnos respuestas acerca de su pronóstico, ni de los efectos de la lesión. El doctor dijo que ese tipo de lesión solía ser "mortal".

Todos nuestros conocidos empezaron a rezar para que se recuperara, lo cual sé que le ayudó en esa terrible experiencia. Al día siguiente, le quitaron el respirador y pudo hablar con todos y reconocerlos.

Se quedó en el hospital durante una semana más y la enviaron a un centro de rehabilitación para mejorar las deficiencias que tenía (debilidad en el lado izquierdo y dificultad para concentrarse). El 30 de diciembre la dieron de alta del centro de rehabilitación, tres semanas antes de lo planeado originalmente.

También hubo otro milagro, además del hecho de que las oraciones de todos le ayudaron a sanar. El fin de semana antes del accidente, mi hermana me contó que había soñado con nuestro hermano, que murió en diciembre de 1998. Dijo que el sueño la movió tanto que se había despertado llorando. Soñó que mi hermano estaba en un avión, era raro porque nunca voló. Además, estaba cargando a un bebé.

De repente, el avión chocaba. Durante el choque, mi hermano seguía abrazando al bebé. Al final, todos los pasajeros morían excepto mi hermano y el bebé.

En ese momento no entendimos qué significaba, pero ahora creo que lo sé. Mi hermana es doce años menor que mi hermano (tenía 40 cuando murió). Ella es la bebé de la familia y, para él, seguía siendo su hermana bebé. Creo que mi hermano fue su ángel de la guarda el día que la atropellaron y que, al cargarla, la protegía para que no se lastimara físicamente. Siempre he creído en que todos tenemos ángeles de la guarda que nos protegen y mi hermana es una prueba viviente de que sí existen.

No más pesadillas
Por Charlton Archard

Era agosto de 1978, justo antes de que empezara el año escolar. Ese verano, mis tres hermanos, mis dos hermanas y yo habíamos estrenado bicicletas. Nos habíamos ido todos en bici a la cita anual con el dentista.

Mi hermana Elizabeth fue la primera en subir y bajar del temido sillón. Se fue en la bici a la oficina de nuestro padrastro, pero estaba ocupado atendiendo a un cliente, así que decidió irse sola a la casa. Esa fue la última vez que la vimos con vida.

Como a kilómetro y medio de la casa, alguien la abordó, se la llevó a un tiradero en el bosque, la violó y la mató. El responsable de su muerte fue perseguido, juzgado y sentenciado a dieciocho años de prisión. Obvio decir que para mi familia fue una crisis devastadora. Entonces yo tenía doce años, era el más joven.

Empecé a tener pesadillas recurrentes, pero una noche, Elizabeth me visitó en mis sueños. Al principio, el sueño empezó como muchos otros: Estaba en la casa, estaba oscuro y yo estaba aterrado. Sentado en mi cama escuchaba pasos dentro de la casa. Corría a meterme al clóset y cerraba la puerta. Oía que los pasos eran cada vez más fuertes y se acercaban más. Veía a una persona que venía a matarme. Entraba a mi cuarto y caminaba directo al clóset. Después de lo que me pareció una eternidad, la puerta se abría lentamente. Elizabeth estaba parada frente a mí, con las manos abiertas. Me decía: "Está bien, Charlton, ya puedes salir".

Las pesadillas terminaron después del sueño. Durante todos estos años, mi hermana Elizabeth ha estado conmigo y le puse su nombre a mi bebita.

Un mensaje del otro lado
Por Christine Lamberth

Mi esposo y yo pasábamos por un momento muy difícil en nuestra relación así que, una noche en particular, recé como nunca lo había hecho en busca de una solución, en busca de ayuda.

Cuando me quedé dormida soñé que estaba en una playa con un hombre en traje de buzo. Yo quería hablar con él pero había una reja que nos separaba. Le decía que quería cruzar pero no sabía cómo. Él me decía que solo tenía que expresar el pensamiento y confiar.

Así lo hacía y me elevaba hacia el otro lado. Una vez que estuve con él, empezaba a explicarle quién era yo. Me escuchaba con paciencia antes de decirme que sabía quién era y que estaba embarazada.

Cuando estuve del otro lado de la reja, le pedía que ayudara a mi esposo pero me decía que no podía interferir. Me decía que mi esposo estaba aprendiendo sus propias lecciones y caminando su propio camino.

Con ese último mensaje, me desperté y le conté a mi esposo lo que había soñado. Él me contó que su papá murió quince años antes mientras buceaba con él en el mar.

Resultó que sí estaba embarazada —justo como dijo el padre de mi esposo en mi sueño—. Tuvimos un niño y le pusimos Christopher. Ese sueño hizo que creyera en que los ángeles son nuestros guardianes.

"No trates de explicarlo"
Por Tracy Cockerton

Soñé que estaba en un festival o ceremonia en Birmania. La abuela de mi suegra estaba ahí. Era una pequeña birmana elegante de piel oscura que llevaba un vestido ceremonial. Yo estaba viendo la celebración cuando se acercó a mí y me dio una bendición budista.

Había una mujer occidental sentada lejos de donde yo estaba sin preguntar lo que estaban haciendo, como una forma de ignorar. Abuela Nat-thamé (un importante rango budista que había obtenido) sostuvo mi cara entre sus manos y me dijo: "No trates de explicárselos, no lo entenderán".

Me transmitió tanto amor que no quería que se fuera cuando terminó el sueño, poco después. Le dije: "Te amo, ¡no te vayas!".

Desperté en la mañana todavía con el hermoso sentimiento de amor que me había inundado. Después, le hablé a mi suegra y confirmó la descripción de su abuela, a quien yo no conocí. También me dijo que había estado rezándole y pidiéndole que me cuidara.

El mensaje de la abuela fue claro. Yo estaba aprendiendo reiki, feng shui y sanación con prana desde hacía pocos años, algo que mis papás no entendían. Intenté explicarles la importancia de estas disciplinas, les decía que no eran brujerías, ni cosas de hadas, pero no podía convencerlos. "No trates", me dijo la abuela. Hasta la fecha, no les digo nada y ellos no preguntan. Quizá algún día lo entiendan.

Capítulo 9

Sueños, meditaciones y experiencias cercanas a la muerte con ángeles

Mensajes del arcángel Gabriel
Por Tia Johnson

Dos años y medio después de que murió mi abuela, la tía de un amigo de la familia (que fue el mejor amigo de mi abuela) llamó por teléfono a mi mamá para decirle que estaba en el hospital. No sé cómo, escuché la palabra cáncer. (Mi mamá me confirmó después que sí, estaba enfermo de cáncer).

Una semana más tarde iba sentada en el metro, ya casi llegaba a la estación en donde me bajaría, cuando oí claramente que una voz me decía: "No queda mucho tiempo para que vayas a verlo. De hecho, ya se te hizo tarde. Le queda poco tiempo de vida, tienes que ir a visitarlo si quieres verlo antes de que se vaya de la tierra".

Entonces pregunté, en un estado como de trance: "¿Quién me dijo eso?".

"Soy el Arcángel Gabriel, el mensajero", respondió con amabilidad. "Te traigo noticias".

Menos de una semana después recibí otro mensaje de Gabriel: "Es tarde, ya se ha ido. Pero no te culpa, así que no te sientas mal por no haberlo visto. Él sabía que querías visitarlo pero no pudiste. No te culpes por eso. Él está bien. Está en un recuento de su vida y está con tu abuela y tu abuelo. Está en paz".

Pasaron dos semanas y mi mamá supo que el amigo había muerto y que habían cremado el cuerpo. Me impactó escuchar la confirmación de su muerte y no volví a cuestionar lo que las "voces" me dijeron.

El gran ángel azul de paz y amor
Por H. Titus

Habían pasado casi siete años después de la muerte de mi amada abuela. Crecí con ella, era mi madre. Recuerdo tantos días en que me iba corriendo por el jardín hasta su casa para ayudarle a hacer galletas, o para ver juntas el programa *Classic Concentration* en su pequeña televisión en blanco y negro.

Siempre iba a su casa con el pretexto de ayudarle a aspirar porque me daba 25 centavos. Pero las dos sabíamos que la verdadera razón es que nos encantaba estar juntas.

Me acuerdo muy bien de su funeral y, como en una película mental, me veo parada frente a su tumba cuando ya se habían ido todos. Insensible por el dolor, no tenía lágrimas, no sentía nada. Ese día y la sensación de estar sola me han perseguido siempre.

Tiempo después, me sentía especialmente sola y desolada. Me tomé el día libre en el trabajo y me fui en el coche hasta el cementerio del pueblito en el campo donde la enterramos. Cuando llegué, me senté junto a la lápida y lloré por primera vez desde que se murió. Admito que estaba enojada con Dios. *¿Por qué alguien a quien amaba tanto tenía que morirse por un cáncer tan horrible? ¿Por qué sufrían los niños? ¿Qué hizo para merecer esto? ¿Qué hice yo para merecer esto?* Pero no obtuve respuestas y me fui del cementerio sintiéndome tan sola como los días anteriores.

Esa noche tuve un sueño: Estaba recargada en la lápida, con la cabeza hacia arriba, llorando, vi un hermoso ángel azul por encima de mi hombro izquierdo, me veía desde la lápida. Al despertar supe que mi abuela estaba en un lugar mejor y que todo era como tenía que ser, aunque no lo entendiera. Ese sueño, aunque fue simple, me dejó con una gran sensación de paz y amor.

Sueños de guía de sanación
Por Sandara Smith

Estaba en Santa Fe, en Nuevo México, en una clase sobre terapia de masaje y espiritualidad. Esa noche sentí una fuerte necesidad de llamar a mi mamá para ver cómo estaba mi papá. Me dijo que mi papá estaba enfermo y que en unos días iba a llevarlo a una clínica del cáncer en Temple, Texas. Sigo sorprendida por haber llamado a tiempo, pero creo que el trabajo espiritual que estuve haciendo en la clase, me abrió para recibir la guía de mis ángeles.

La mañana siguiente regresé a mi casa, en Arizona, y tuve mi primer encuentro con ángeles en un sueño. Los dos ángeles de mi sueño eran muy altos. Eran blancos y una luz dorada se desprendía de sus alas y sus cuerpos. Me pareció que eran ángeles masculinos muy fuertes. Solo recuerdo la cara de uno y no la veía muy bien por la luz dorada que salía de él.

Varias semanas después, en otro sueño, esos mismos ángeles me dijeron que en la mañana corriera al hospital donde estaba mi papá, en Temple, Texas. Las palabras que escuché no salieron de sus labios, pero "supe" qué estaban comunicándome.

Nunca me había pasado nada parecido. Ni siquiera me sentía segura del porqué estaba viajando esa mañana, y mi esposo tampoco. Le pedí a alguien que cuidara a mis niños y me fui. Cuando llegué al hospital, me encontré a mi mamá hablando en un teléfono público, estaba marcándome para decirme que papá tenía cáncer en el cerebro y que iban a operarlo en esos días. Mamá hubiera estado sola si yo no hubiera ido.

Operaron a mi papá y su condición era peor de lo que pensaban. Los doctores dijeron que no viviría más de dos a cuatro meses. Esa noche volvieron los ángeles. Esa vez, me dijeron que durante el verano me fuera con los niños de Arizona a casa de mi papá, en Oklahoma. Los doctores no habían dicho qué procedimiento seguirían y pensar en un largo verano caluroso en Oklahoma no era un plan muy atractivo. Además, ese hombre había abusado de mí cuando era niña, y no estaba segura de querer darle el apoyo amoroso que yo no había recibido.

A la mañana siguiente, los doctores nos dijeron que teníamos dos opciones: llevar a papá a la casa y dejar que muriera en dos meses o meterlo a una residencia donde le pusieran quimioterapia y esperar que durara cuatro meses. Yo sabía mi respuesta, así que le dije a mamá: "Te veo en Oklahoma. Me llevo a los niños y preparamos la casa".

Los meses siguientes fueron como estar en un programa de terapia de grupo personal. Durante horas estuve liberando dolores del pasado preguntándole a papá sobre su comportamiento anterior. De no haber escuchado la guía de mis ángeles, no hubiera obtenido respuestas ni la sanación que vino con ellas.

Cuando pasaron dos meses, mi esposo y yo decidimos irnos de vacaciones con los niños. Nos fuimos a la playa a pasar unos maravillosos días de descanso. Una noche en la playa, los ángeles me visitaron en sueños otra vez. Me dijeron que regresara a Oklahoma en la mañana. Llamé a mi mamá para decirle que iba a la casa y me dijo que papá había caído en coma en la noche.

Al día siguiente volví a Oklahoma. Esa noche, fue la primera vez desde que llegué a Oklahoma en que mi hermana, mi mamá y yo estuvimos juntas. De repente, algo cambió en la habitación. Una sensación de energía maravillosa llenó el espacio donde estábamos y papá murió.

No puedo decirte por qué seguí la guía de mis ángeles. Hasta esa época, no recuerdo haberlos escuchado. Pero el regalo que me hicieron no tiene precio. Reuní los pedazos de un alma que necesitaba con desesperación. Volví a conectarme con el hombre a quien le tuve mucho resentimiento durante mucho tiempo. Ahora pienso en él con mucho amor y cariño y descubrí que le estoy agradecida por la infancia que tuve. Dios y los ángeles me ayudaron a descubrir que soy una persona muy importante y que mi difícil infancia me convirtió en la persona amorosa que soy ahora.

El cordón dorado

Por Gerborg Frick

Hace tres años participé en un taller y eventualmente me inicié como maestro de reiki. Durante la ceremonia final, nos dijeron que meditáramos y contempláramos a nuestro guardián de reiki personal. Se apareció ante mí un ángel con el cabello rubio hasta los hombros, traía un vestido holgado con un cordón dorado en la cintura. No pude distinguirle la cara ni el género. El ángel era muy alto, medía más de dos metros.

Al final de la meditación, nos pidieron que compartiéramos la experiencia. Heather, de Pensilvania, fue la primera en hablar, y describió detalladamente a "su" ángel, dijo: "El ángel tenía una cinta dorada a la altura de la cintura". En ese momento pensé, *No, no es una cinta, es un cordón,* y Heather corrigió al instante, diciendo, "Más bien, era un cordón dorado".

El grupo preguntó sobre las alas. Ambos compartimos lo que vimos de las alas de los ángeles, con la conclusión de que no tenían nada qué ver con plumas o volar, sino que eran emanaciones de energía en forma de arco, con colores del arcoíris en tonos pastel. Lo sorprendente es que, al parecer, ambos vimos al mismo tipo de ángel.

Mi reunión con papá

Por Shirley Finch

Mi papá vivía en Idaho y yo en California. En abril de 1979, papá me habló tarde en la noche. Estaba llorando y me pidió que fuera a verlo con mis dos niñas antes de que fuera demasiado tarde.

Le dije: "Ay, papi, vamos a ir en junio, cuando las niñas salgan de la escuela".

Me contestó: "Será tarde".

Estuve hablando con él un rato e insistía en que fuera. Le pregunté si estaba enfermo y dijo que no, solo que sabía que sería demasiado tarde.

Un mes después, mi hermana me llamó para darme la terrible noticia de la muerte de papá. Murió en un terrible accidente de coche mientras estaba cazando con mis dos hermanos mayores. Me quedé pasmada y no dejaba de pensar en mi conversación por teléfono con papá. Me sentía horrible y me reproché no haber ido.

Mi madre me dijo que antes del accidente, mi papá estuvo poniendo sus cosas en orden porque sabía que era la "hora". Mi mamá pensó que era una tontería decir algo así. Mis hermanos dijeron que la noche anterior al accidente, papá les dijo: "Si me muero esta noche, solo quiero que sepan lo mucho que los amo". Unas horas después, estaba muerto.

En junio de 1986, me dispararon con una pistola semiautomática calibre 38. La bala me atravesó el brazo izquierdo, el pulmón y se alojó en mi columna. Me "morí" en la ambulancia. Los paramédicos me dieron RCP y una inyección de adrenalina en el corazón. Mientras estuve "muerta", iba viajando en un espacio muy oscuro. No estoy segura si iba hacia arriba, hacia abajo, a los lados o a dónde. Había una pequeña luz. Iba creciendo conforme me acercaba. Cuando llegué a ella, mi papá estaba ahí. Yo estaba en la oscuridad, lista para caminar hacia él porque estaba feliz de verlo. ¡Lo había extrañado tanto! Y entonces, me dijo: "No deberías estar aquí ahora".

Le dije: "Está bien. Estoy feliz de verte". Tenía tantas ganas de ir hacia él y darle un abrazo, pero mis pies no se movían. No podía pararme en la luz.

Con una voz severa, papá me dijo: "¡No! Vete a la casa. Tus hijas te necesitan". En ese momento abrí los ojos y mi mamá estaba en el hospital tomándome de la mano.

Esas experiencias me cambiaron para siempre. Ahora, vivo cada día como si fuera el último. Hago planes y tengo metas a largo plazo, pero me esfuerzo por ser buena con todos. Les digo a mi familia y a mis amigos que los quiero y que siempre lo haré. Y ayudo a la gente que lo necesita, aunque no la conozca. Gracias a esas experiencias desarrollé un corazón cariñoso.

El día que decidí vivir

Por Maryne Hachey

Tenía dieciséis años y, como la mayoría de las chicas a esa edad, me sentía en mi mejor momento, mi ego manejaba mi mundo. Estaba trapeando la casa cuando mi mejor amiga me llamó para preguntarme si quería ir a dar la vuelta y recoger al amigo de su novio. Encantada, le dije que sí. Al poco tiempo llegué a su casa, donde nos peinamos el cabello hacia atrás y nos vestimos con faldas rectas y chamarras de mezclilla. Su novio, que era mucho mayor que nosotras, nos recogió en su Audi, con una botella de brandy de durazno.

Con la música muy fuerte y el dulce líquido que nublaba mi mente, empecé a desinhibirme. Esto iba en contra de lo que siempre creí, aún así, iba en el coche con alguien que manejaba bajo la influencia del alcohol. El estómago se me revolvió cuando una sensación de intranquilidad me advertía que esto no estaba bien... No podía quitarme el presentimiento de que algo malo iba a pasar.

Finalmente, llegamos a casa del amigo y empezamos a meter sus cosas al coche. Al ver cómo estábamos los tres, insistió en que él manejaba. En ese momento, sentí un gran alivio. Tomé la botella y me la llevé a la boca, le di un gran trago, y volvió esa sensación de intranquilidad. En esa ocasión lo achaqué a la compañía del chico que acabábamos de recoger.

Yo volteaba a ver el reloj y estaba aterrada de que ya eran las diez de la noche y no estábamos ni cerca de la ciudad, sabía que no llegaría a tiempo pues tenía permiso hasta las 10:30. Mi amiga estaba en el asiento trasero besándose con el novio. Sentía el efecto del calor que salía de la calefacción y me quité la chamarra, me dio miedo vomitar. Volteé a un lado y recargué la cabeza en el asiento, pero se me olvidó volver a ponerme el cinturón de seguridad.

El último pensamiento consciente que recuerdo era ver los grandes copos de nieve chocando contra el parabrisas, era imposible ver la carretera. Mi cuerpo se relajó y dejé que el sueño me llevara...

"¿Está muerta?", dijo una voz sobre mí, pero no pude contestar. El miedo se apoderó de mí cuando traté de moverme pero no pude. "¡Aquí estoy! ¡Estoy viva!", grité sin saber con certeza que estuviera soñando o que eso estuviera ocurriendo.

Otra vez, perdí la conciencia. El siguiente recuerdo era el dolor que inundaba mis 41 kilos mientras un hombre inclinado sobre mí me preguntaba mi nombre, una y otra vez. Le contesté. *¿Está sordo o qué?*, pensé con mi mente sarcástica de adolescente. La oscuridad llenó mi conciencia y yo iba a la deriva a través del tiempo, veía gente que no estaba ahí. Me hablaban pero yo no podía entender lo que estaban diciendo.

Entonces regresó el dolor. Cuando abrí los ojos, un señor con un traje azul me explicó que iban a ponerme en "tracción". Recuerdo que me amarraron con tiras y sentía el tornillo que me pusieron en la rodilla para estabilizarla.

En ese momento estaba rodeada de una luz blanca y tenía una sensación de paz mientras veía a todos desde fuera de mi cuerpo. Por fin estaba calientita y no sentía dolor. A mi lado había un hombre que se presentó como el doctor Ray. Tenía ojos azules y el cabello negro rizado. Parecía flotar conmigo. Su presencia me reconfortó.

Los veía mientras trataban frenéticamente de revivir mi cuerpo sin vida. El Dr. Ray volteó a verme y dijo: "Eres una niña con suerte, aquí hay mucha gente que te ama". Lo miré sorprendida y continuó: "¿Qué te gustaría hacer?".

Su pregunta me devolvió a la realidad y mi alma gritó, *¡Ay, Dios, por favor, no dejes que me muera!* En ese momento sentí que mi cuerpo chocó contra la mesa y el dolor regresó.

Abrí los ojos y busqué al Dr. Ray pero no estaba. Pregunté varias veces por él y me dijeron que no había estado ahí. Era 31 de marzo de 1989 y yo cambié para siempre.

Después, me enteré de que me deshice la cadera derecha, me rompí la pelvis en tres partes, me fracturé el fémur derecho y tenía fractura de cráneo. Debido al estrés del accidente, el corazón se me detuvo tres veces. Estuve diez días en terapia intensiva pero al final me recuperé. Estoy segura de que los ángeles me salvaron la vida.

¡Gracias, doctor Ray, mi ángel de la guarda!

Dulces seres de luz
Por Dorothy Womack

Cuando mi mamá estaba muriendo dijo que su habitación estaba llena de seres resplandecientes. Todos sonreían afectuosamente, le tocaban la piel con suavidad y con gestos le decían que se fuera con ellos. La elevaron y se encontró caminando entre una hermosa vegetación. Había fuentes, flores y más seres resplandecientes. Los jardines estaban iluminados pero no era por la luz del sol. Se preguntaba cómo podía caminar pues llevaba cuatro años en cama.

Estos seres volaron a su alrededor y la elevaron de nuevo, se sintió ligera. La devolvieron a la cama, le besaron la mejilla y le dijeron que pronto regresaría a casa. Mi mamá dijo que los seres eran muy cariñosos y amables. Tenían grandes ojos llenos de amor, sus cuerpos eran pequeños e infantiles. Tenían alas que se sentían como seda y brillaban como satén. Le hablaban en susurros y la alentaban para que esperara el inminente regreso.

Mamá dijo que nadie debería tener miedo de morirse y que vamos a un lugar hermoso cuando nos salimos del cuerpo. Mamá murió seis semanas después. Su valor ante la certeza de la muerte me dio el valor para enfrentarme a una vida incierta.

Tía Nina
Por Sonia Huston

Cuando tenía dieciséis años, morí. Estuve en el peor accidente de coche en la historia de Vacaville, California. Una oficial de policía, que iba a 100 kilómetros por hora en una zona de 50, se estrelló contra nuestro el coche. La patrulla no llevaba la sirena ni las luces de emergencia encendidas porque iba como refuerzo para atrapar un ladrón que estaba en el pueblo. Justo en el momento en que llegó a la cima de una colina empinada, mis tres amigos y yo estábamos ahí dando vuelta en U. A media maniobra se estrelló contra la parte trasera del coche, del lado del copiloto. Yo iba en el asiento del copiloto. Mis amigos que iban en el asiento trasero murieron trágicamente.

Tuve heridas muy severas que ponían en riesgo mi vida. Estuve en coma y conectada a un respirador. Los doctores le dijeron a mi familia que esperaran lo peor —que probablemente no pasara la noche.

Cuando estaba en coma, me visitó mi tía favorita, que había muerto seis meses antes del accidente. No dijo gran cosa, pero estuvo conmigo mientras asimilaba la situación. Cada vez que volteaba a preguntarle algo o a llorar con ella, solo me sonreía y asentía con la cabeza. Recuerdo que había un resplandor a su alrededor y que me transmitió una paz absoluta durante mi estado de pánico. Necesitaba escapar de la confusión que me ahogaba en ese momento. Mi primera reacción fue agarrarla de la mano e irme con ella a donde fuera que hubiera venido. Ella solo sonrió, me extendió la mano y asintió con la cabeza.

Después estaba despierta, empezando el largo camino hacia la recuperación. En un principio, los doctores le dijeron a mi familia que quedaría como vegetal. Después que me recuperaría un poco pero que no podría volver a caminar. Cuando desperté, no podía hablar, ni caminar, ni entender nada. Era un bebé en el cuerpo de una chica de dieciséis años. Me sometí a terapia física, terapia del habla y terapia ocupacional; y aquí estoy, escribiendo mi historia. Me consideraron muerta, sin embargo, aquí estoy promoviendo la vida.

Cada vez que siento que no puedo más, me regreso a ese momento en el que la tía Nina me sonrió y asintió con la cabeza. Sí, ese día murió mi yo anterior pero nació el yo que conozco ahora.

El sueño que me salvó la vida
Por Jill Wellington Schaeff

Con un título de periodismo de la Universidad de Ohio, estaba emocionada por empezar a trabajar en una pequeña estación de radio en Racine, Wisconsin, en 1979. El horario era agotador porque cubría todas las reuniones del ayuntamiento de la ciudad y después me despertaba a las 3 a. m. para reportar al aire las condiciones del tráfico. Todo esto por un sueldo irrisorio.

Después de diez meses de dormir poco, Andy, uno de los *disc-jockeys*, me preguntó si me iría con él a una estación más grande en Evansville, Indiana. ¡Yuju! ¡Más sueldo y un mercado más grande! Tenía 23 y estaba despegando.

Nos despidieron a los dos cinco semanas después. La estación se automatizó y las personas nos volvimos obsoletas.

Andy encontró fácilmente otro trabajo en Evansville, pero yo no. Empecé a preocuparme de verdad cuando visité todas las estaciones del pueblo para descubrir que no tenían vacantes en las noticias. De repente extrañaba mi antiguo trabajo, a mis amigos y ese cheque chiquito.

Andy se ofreció a llevarme a Racine para un fin de semana de fiesta con la vieja banda. Dijo que podíamos quedarnos con sus padres en Milwaukee, que estaba cerca. Le hablé a mi mamá y le conté el plan. Ni media hora después, me habló: "La abuela está en el hospital y no está bien. Voy a ir a Kenosha". *Qué bien, Kenosha está solo a cinco kilómetros de Racine.* Quedamos en vernos para comer e ir juntos al hospital. Que coincidencia tan extraña, pero buena.

Al llegar al restaurante, una fuerte tormenta azotó Kenosha. Fue como si hubiera empañado la comida. Estaba feliz de estar con mi mamá, pero me sentía un poco deprimida. Ella y Andy se sentían igual y apenas hablamos durante la comida. Pero recuerdo que mamá le preguntó a Andy su nombre varias veces.

Cuando llegamos al hospital, la abuela estaba sentada en la cama y se veía normal. Su estado de ánimo nos confundió. Iban a darla de alta al día siguiente y mi mamá se preguntó para qué había hecho ese viaje tan largo. Le di un beso de despedida y me fui con Andy a la fiesta con mis antiguos compañeros de trabajo.

La fiesta también estuvo deprimente. Todos estaban cabizbajos. No supimos la razón del aletargamiento. Andy vino varias veces a decirme que teníamos que salir de casa de sus papás a las siete de la mañana para que llegara a tiempo al primer día de su nuevo trabajo. A la 1:30 a. m. me sentía exhausta.

"Ya vámonos a casa de mis papás", dijo Andy. "Tenemos que salir mañana a las siete".

Cuando abracé a todos para despedirme, varios compañeros empezaron a llorar. Una amiga me dijo: "Jill, no vamos a volver a verte". Eso me sonó a que no estaba "bien".

"Vendré de visita. No te preocupes. Pronto estaremos juntos otra vez", les dije. No supe por qué todos estaban tan raros.

Me sentí aliviada cuando me tiré en la cama. Vi el reloj. Dos de la mañana. Escuché que tocaban la puerta y entró la mamá de Andy. "Te llama tu mamá".

Estaba segura de que le había pasado algo a la abuela. La madre de Andy me llevó a su cuarto para contestar. Mamá estaba histérica. "¡No puedes irte con Andy mañana en la mañana!". Mi mamá acababa de tener un sueño muy real y a todo color. Una mujer había llegado a la casa y le había dicho, "Tu hija y mi hijo tuvieron un accidente terrible. Mi hijo está bien pero ¡tu hija murió!".

Mi mamá se sentó en la cama y sintió que tenía que hablarme. Recordó el apellido de Andy de la comida, buscó en el directorio y encontró el número. Dijo que hubiera sido capaz de pararse en la carretera toda la noche para evitar que me fuera.

Fui a decirle a Andy que no podíamos irnos a las siete. Se veía pálido y consternado. Él también había tenido un sueño horrible sobre el viaje. Nos dimos cuenta de que todo el fin de semana había pasado con una sensación de pesimismo.

La mañana siguiente, Andy se fue a las 8 a. m. para romper cualquier "cadena" y para evitar el accidente. Mi mamá vino por mí desde Kenosha para llevarme a Evansville. Cuando la mamá de Andy abrió la puerta, mi mamá tosió. La madre de Andy era la mujer de su sueño.

Sé que los ángeles trabajaron horas extras durante el fin de semana y yo no debía morir a los 23. Cuando me siento triste por algo, me acuerdo de la guía de Dios. No existen las coincidencias. Nunca estamos solos.

UNA EXPERIENCIA INOLVIDABLE
Por Nicola Kimpton

Estaba dormida. En el sueño estaba en una casa vieja y grande, acostada en la cama. Intentaba dormir pero tenía miedo. Mencioné el nombre del Arcángel Miguel una y otra vez para invocarlo. Fue tan real que me "escuchó" hablando.

De repente, ¡el Arcángel Miguel apareció en mi sueño! Estaba sobre mí y a mi derecha. Pude verlo bien. Se veía jovial, con cabello rubio. Sonreía y emanaba una poderosa energía color violeta, la cual me transmitía seguridad. Jaló una cobija violeta y me tapó con ella, y mientras lo hacía, me habló con palabras de aliento. Dijo que yo estaba bien pero debía buscar almas afines. Después eliminó el miedo de mi aura y bañó mi chakra de la corona con una luz dorada.

El Arcángel Miguel fue amoroso y amistoso, me sentí inundada por su poder y su amor. No supe qué decir... estaba tan sorprendida y honrada por su presencia. Solo podía observar y escuchar, como para no perderme ningún detalle. Fue una experiencia verdaderamente inolvidable.

Al despertar, supe de manera instintiva que era la forma del ángel de decir: "No te preocupes, todo está bien. Eres amada. Aquí estamos". Estoy muy agradecida por esta experiencia. Como resultado de ese sueño, he desarrollado una relación personal con el Arcángel Miguel y ahora siento su presencia y la reconozco. A través de esa visita en sueños, Miguel convirtió mi creencia de esperanza en certeza y me demostró que está presente, conmigo y con todos.

Capítulo 10

Oraciones escuchadas por ángeles

Se acabó la turbulencia

Por Brenda Colling

Iba en un vuelo desde Adelaide a Melbourne después de un ajetreado fin de semana. Había turbulencia y el avión no solo brincaba de arriba abajo, sino que se movía también de un lado a otro.

Me sentía más bien ansiosa, pues quería que mis pies estuvieran en tierra firme. Cerré los ojos y le pedí al Arcángel Miguel que nos protegiera y visualicé sus enormes alas envolviendo el avión. Cuando abrí los ojos, el sobrecargo venía hacia mí. Me fijé en la placa con su nombre —decía MIGUEL—. De inmediato supe que estábamos a salvo y protegidos.

La voz del capitán se escuchó por las bocinas, anunciaba que descendería 2000 pies para evitar la turbulencia. A partir de entonces el vuelo fue muy suave durante todo el trayecto hacia Melbourne. Gracias, Arcángel Miguel, por cuidarnos en el viaje a casa.

Desde el corazón
Anónimo

Mi historia con ángeles es corta y linda. Estaba en mi cuarto sintiéndome triste y deprimida por mi vida. Estaba llorando y, mentalmente, empecé una conversación con los ángeles para pedirles que me ayudaran. También les pedí que, por favor, me dieran una señal de su presencia.

Me sequé las lágrimas con un pañuelo desechable y, cuando lo miré, vi que mis lágrimas habían formado un corazón perfecto. Eso fue una confirmación de la presencia de mis ángeles, de su ayuda y de su amor infinito. Guardé el pañuelo desechable para recordar este milagro especial.

Un arranque celestial
Por Sharon

Tenía que ir a la ciudad y, cuando llegué a mi coche, descubrí que alguien había dejado la puerta abierta. La puerta abierta significaba que la luz interior estuvo encendida demasiado tiempo y la batería estaba muerta.

Teníamos una batería de repuesto pero no era compatible con mi coche. Mi esposo y yo tratamos de arrancarlo empujándolo, sin éxito. Después, mi esposo acercó su coche y tratamos de pasarle batería. Nada. Aceleró su coche y volví a tratar de arrancarlo... tampoco funcionó.

Cuando él iba de regreso a su coche para apagarlo, me acordé de los ángeles. Pensé, *¡Rafael cura!* Y en mis pensamientos, pedí: *¡Rafael, cura mi coche!*

¡Con un rugido, el coche volvió a la vida! Llegué hasta el centro sin problemas. Y lo mejor de esta historia es que logré llegar justo a tiempo a la librería, antes de que cerraran. Y así pude descubrír que acababan de resurtir el libro de *Terapia con ángeles* (publicado por Grupo Editorial Tomo), de Doreen, ¡increíble!, ¿verdad?

Ayuda instantánea
Por Joanne

Mi hijo Rusty era un niño inteligente y muy feliz. Estaba lleno de energía y curiosidad, y era muy impulsivo. Un día, estaba en la cocina preparando la comida. Rusty jugaba por ahí. Todavía no cumplía dos años.

Mientras cocinaba, dejé un cuchillo para carne en el mueble de la cocina. Me volteé un instante y Rusty lo agarró. Cuando volví a voltearme, Rusty estaba sonriendo, listo para salir corriendo con su tesoro y esperando una divertida persecución. Estaba aprendiendo a caminar, era una tragedia en toda regla. No había nada que pudiera decirle que lo hiciera abandonar su propósito. Me puse de rodillas y pedí la ayuda de los ángeles de Dios. No salieron palabras de mi boca. Solo tuve destellos de pensamientos.

Rusty, feliz y con toda su energía, soltó el cuchillo. Fue tan rápido y no era como suele jugar a que lo persiga, que sabía que los ángeles estaban con nosotros. Le agradecí a Dios y a los ángeles por ayudarme. También me volví más consciente del bien que rodea a mi hijo.

ÁNGEL EN LA SALA DE PARTOS
Por Jacqueline Regina

Estaba con mi hija en el hospital mientras ella estaba en trabajo de parto. Era difícil verla soportar tanto dolor así que empecé a rezar con todas mis fuerzas, pedí ayuda y fuerza para que todo saliera bien. Justo en ese momento, parecía que mi hija no se sentía bien y me veía para que la ayudara. No sabía qué hacer. Me sentí tan impotente, así que recé, "Dios, ¡ayúdala!".

Entonces vi a un ángel muy grande al lado de la cama de mi hija. Era tan grande que prácticamente abarcaba toda la habitación. El ángel miraba a mi hija y, unos instantes después, el bebé comenzó a salir, ¡pero tenía el cordón enredado en el cuello! Por la falta de oxígeno estaba poniéndose morado y no respiraba. De alguna manera, el ángel me hizo saber que todo estaría bien. Sentí su mensaje con mucha fuerza.

Nunca olvidaré al hermoso ángel que salvó a mi nieto. Estoy muy agradecida de que el cielo nos haya ayudado.

El ángel del estacionamiento
Por Brendan Glanville

Iba manejando en Brisbane, Australia, y ya se me había hecho tarde para llegar al discurso político de un amigo para el gobierno de Queensland. Entonces, me acordé de que podemos pedir a los ángeles que nos encuentren un lugar para estacionarnos. En cuanto lo pedí, escuché una voz que decía, *Da vuelta a la izquierda y otra vez a la izquierda.* Esas indicaciones no me llevarían a la dirección a la que iba, pero decidí confiar y seguí las instrucciones.

Después escuché: *Da vuelta.* Lo hice, hacia la entrada de un edificio. A mi izquierda, como si estuviera esperándome, había un lugar con parquímetro para estacionarme. Me di cuenta de que, con las prisas, había dejado mi cartera y necesitaba cambio. Le pedí a los ángeles que me mandaran monedas y, cuando abrí el cenicero, encontré la cantidad exacta que necesitaba para el parquímetro. Estaba tan emocionado que, mientras caminaba hacia la conferencia, llamé a mi oficina y se lo conté al personal.

Al regresar a mi coche después de la conferencia, le dije a los ángeles: "Si alguien necesita un lugar para dejar el coche, este tiene tiempo de sobra en el parquímetro y a esa persona le va a salir gratis". Me metí al coche y todavía no lo había encendido, cuando un coche dio vuelta y esperó a que arrancara.

Protegida de un tornado
Por Judy Mitchell

En la primavera de 1996, en Alison, Arkansas, estábamos en "alerta por tornado". Era un domingo caluroso y húmedo y el cielo tenía un color verde grisáceo. Recientemente me había mudado de California a Arkansas y no estaba familiarizada con los tornados. El día anterior había visto algo inusual en el cielo: un arcoíris circular alrededor del sol. Después supe que se llaman *parhelio*, e indican condiciones meteorológicas adversas.

Estaba en casa cuidando al hijo de una amiga. Mi hija de trece años estaba conmigo y también mis gemelos, de ocho.

Todos estaban jugando dentro de la casona histórica que rentábamos. Una vecina me habló por teléfono para decirme que un enorme tornado se dirigía hacia nuestra casa. Dijo que debíamos protegernos. La casa no tenía sótano, solo un baño exterior con una gran ventana. Según había leído, no era suficiente protección.

Les dije a los niños que se pusieran los zapatos y se metieran a la tina. El cielo se oscurecía cada vez más. Salí a ver y ahí estaba, lo escuché antes de verlo. Era enorme, giraba y estaba a menos de un kilómetro de nosotros. Entré corriendo a la casa por los niños y todo se puso negro —se había ido la luz—. El sonido del tornado acercándose era casi insoportable. La casa estaba temblando.

Me arrodillé con los niños en la tina y los cubrí con mis brazos. Les dije que no oyeran el ruido, que me escucharan a mí. Pensé ¡Nos vamos a morir! Pensé en mi hija mayor, que estaba en California, y odié la idea de dejarla sola si no salíamos de esta.

Empecé a rezar y pedí ayuda: *Por favor, haz que este tornado pase por encima de la casa.* Y afirmé mentalmente, *Estamos protegidos. Somos amados y estamos protegidos ahora.* Le pedí a mi madre, que murió, que nos ayudara. Me dije, *No vamos a morir, vamos a vivir.* Mientras más fuerte era el ruido, más fuerte rezaba. El sonido y el temblor eran increíbles, pero poco a poco terminaron. Cuando pareció que era seguro, miré por la ventana y solo pude ver niebla verde. ¡Estábamos vivos y a salvo! Había pasado.

Por desgracia, a mis vecinos no les fue tan bien. Ese día hubo un total de seis tornados a las siete de la tarde en Allison. Murieron nueve personas y muchas casas fueron destruidas. Parte del techo de mi casa voló y se desprendieron los tapones de mi coche. En muchas casas, solo quedaron los cimientos. A esa hora y en domingo, muchas personas estaban en la iglesia, y solo regresaron para descubrir que sus casas ya no estaban. No tuvimos luz ni agua durante días, pero estábamos vivos.

Un hombre vino a decirme que vio que el tornado estaba sobre mi casa, como un sombrero, y que estaba seguro de que moriríamos. Después dijo que entonces se elevó. Dijo que era un milagro. Lo fue —Dios y los ángeles nos ayudaron—. Otro señor vio que el tornado llegó a nuestra casa y él también pensó que habíamos muerto todos.

Esta experiencia me cambió la vida. Creo en la oración y sé que solo tienes que pedir. En cuanto a los niños, no creo que se les olvide la experiencia y ahora conocen el poder de la oración y la importancia de pedir protección.

Perdido y encontrado

Por Bonnie Suzanne Koester

Llevé a mis dos hijas y a sus amigas a cenar para festejar el cumpleaños de mi hija mayor. El restaurante estaba en el canal de navegación de Houston y había un gran jardín entre el agua y el edificio. Comimos muy rico y, después de cenar, las chicas corrieron y jugaron en el pasto antes de irnos. En cuanto entramos al coche, una de las chicas dijo que había perdido su monedero con su licencia de manejo.

Todas se bajaron del coche y empezaron a buscar en el pasto. Estaba muy oscuro, así que moví el coche para que los faros alumbraran el pasto. Parecía inútil, como encontrar una aguja en un pajar. Me quedé sentada en el coche y me relajé, le pedí a mis ángeles que me enseñaran dónde estaba el monedero. Tuve una visión muy clara. Vi que el monedero estaba detrás de mí, en el asiento trasero, cerca de la puerta.

Me bajé del coche y abrí la puerta trasera, segura de que vería el monedero —como claramente vi en la visión—. Pero no pude verlo. Estaba muy oscuro. Me agaché más y vi un destello de metal. Metí la mano, ¡y era el monedero! Estaba justamente donde lo vi, aunque no pude verlo con los ojos físicos. ¡Fue raro pero muy padre!

¡Mira lo que trajeron los ángeles!

Por Carol Czerniec

Hace unos años trabajaba a tiempo completo y mis dos hijos se quedaban en la guardería. Mi hijo de cinco años tenía una gata y la adoraba. Estaba gorda y sin uñas, siempre estaba dentro de la casa. Aunque, a veces, se escapaba y se escondía debajo de los arbustos, que eran picudos, pegajosos y estaban muy cerca del suelo, así que era imposible sacarla de ahí.

Un día, los niños ya estaban dentro del coche listos para irnos y tuve que volver corriendo a la casa por algo que se me había olvidado. Claro que la gata aprovechó para salir disparada a los arbustos. Ya se nos había hecho tarde y sabía que me tardaría horas en sacarla de ahí. Pero tampoco podía dejarla ahí todo el día porque podía pasarle algo. ¡Y mi hijo jamás me lo perdonaría!

Casi lloro de la desesperación, pero le pedí a los ángeles que la trajeran. Me quedé parada deteniendo la puerta, esperando a que los ángeles me ayudaran. De inmediato, la gata salió de debajo de los arbustos. Caminaba muy raro, tiesa como un muñeco, y los ojos se le veían extraños. Corrió para entrar por la puerta sin dudar y la cerré en cuanto entró. No vi a los ángeles arrastrándola pero las dos, la gata y yo, ¡sabíamos que estaban ahí!

Un mensaje de consuelo
Anónimo

Era una época especialmente difícil para mí. Me había divorciado hacía ocho años, mis hijos se habían ido a la universidad y yo estaba en la escuela superior. Me sentía aislada, sola y temerosa. Caminando en la playa de Cape Cod, donde vivía, traté de aplicar en mi vida una teoría de enfermería que estaba estudiando. El modelo de Betty Neuman dice que, si se ve afectada una variable en la vida de una persona, esta corre el riesgo de padecer una enfermedad. La evaluación de mí misma reveló a una mujer con sobrepeso, fuera de forma, aislada y espiritualmente desfavorecida.

Pensando en mi condición, pensaba en la influencia que mi vida anterior tenía sobre mi vida presente. Mi papá fue un hombre maravilloso cuando estaba sobrio. Pero, cuando bebía, se volvía un monstruo que abusaba de mi madre y nos asustaba a mis tres hermanas mayores y a mí. Papá murió cuando yo tenía once años, lo cual aumentó mis sentimientos de pérdida, abandono y enojo.

No pude evitar estar resentida por las consecuencias que el alcoholismo de mi papá tuvo sobre mi desarrollo sicológico. Sin embargo, ese día en la playa decidí hacer cambios en mi vida para mi bienestar general. Decidí ponerme a dieta, caminar más seguido y regresar a la iglesia. Siempre fuimos católicos devotos pero, después de mi divorcio, sentí que incluso Dios me había abandonado, así que renuncié a la religión.

La mañana siguiente me desperté temprano para ir a la iglesia. Desayuné sanamente y me puse a leer una revista mientras tomaba café. Había un artículo de una médium que se comunicaba con la gente que había muerto. Nunca he dudado de la vida después de la muerte, así que no era escéptica, como la mayoría de mis amigas, ante los contactos que describía. Con un poco de risa dije en voz alta: "Si mi papá anda por aquí, ¡tiene muchas cosas que arreglar!".

Me fui a misa. En cada misa llega el momento de rezar por los que murieron. Imagínate mi reacción cuando el padre dijo: "Rezamos por todos aquellos que murieron, en especial por (dijo el nombre de mi papá), para quien es esta misa".

Sentí una sacudida tan fuerte que volteé a ver si alguien me había empujado. Pero nadie estaba tan cerca de mí como para hacerlo. Estaba tan sorprendida por la mención del nombre de mi padre (aunque hubiera otra persona que se llamara igual), pues hacía poco tiempo que le había mandado mi mensaje en voz alta.

No creo ni remotamente en que haya sido una coincidencia. Sé que mi papá puede verme y sabe qué está pasando en mi vida, y que Dios me permitió recibir este mensaje de consuelo.

Ahora voy a Comedores Compulsivos y trabajo todos los días con mis ángeles. ¡El mensaje celestial de mi papá y mis ángeles está ayudándome a transformar mi vida de ser una víctima a alcanzar la victoria!

Ángel de la suerte
Por Laura Curran

Siempre he sabido que los ángeles son parte de mí, que me cuidan, me protegen y son dulces guardianes siempre confiables. En mi vida ha habido tantos milagros que ahora veo hacia atrás y digo, ¡*Wow*!

Uno de los milagros que cambiaron mi vida empezó el 15 de enero de 2009. Ese día adopté a un perrito —una mezcla de *poodle* miniatura de menos de tres kilos—. Tenía tres años y unas partes de pelo de un café más oscuro que parecían alas de ángel. No tenía nombre, así que, mi esposo Randy, mi hija Lisa y yo le pusimos "Lucky Angel" (ángel de la suerte). Lo amé en cuanto lo vi —todos lo amamos.

Dos semanas después, Randy y Lisa sacaron a Lucky Angel a caminar. Se asustó por los ladridos de otro perro, la correa retráctil se cayó y salió corriendo. Vivimos en el desierto, donde hay montañas, rastrojos y caminos de tierra, coyotes, víboras y toda clase de animales. Detrás de nuestra casa hay una base de la fuerza aérea, desierta y sin rejas.

Me llamaron al celular: mi perro se había escapado. El corazón se me detuvo. Corrimos a buscarlo antes de que oscureciera. Era 2 de febrero de 2009. Era un día frío, teníamos linternas y le hablábamos y le gritábamos. No respondía.

Esa tarde me llegó un pensamiento: *Métete a la página web de Doreen Virtue y pide ayuda*. Lo hice. Pedí ayuda a los *Angel*

Therapy Practitioners®. La respuesta fue maravillosa. Todos me enviaron esperanzas, amor y bondad.

Pasaron días, pusimos letreros en todos lados. Seguimos cualquier pista. No nos rendimos. Recé y recé y los ángeles permanecieron a mi lado, amándome y enviándome gente maravillosa.

Dieciséis días después recibí un *e-mail* de una *Angel Therapy Practitioner* llamada Ellany, en el que me decía: "Siento que Lucky está en el desierto y no está con nadie en este momento. Espero equivocarme. Que Dios el Creador lo proteja y que te sea devuelto, tu amoroso amigo. Dios te bendiga y te guarde. Mantenme informado". Todavía guardo su *e-mail*.

Le hablé a Randy y le dije: "Ven a la casa en este momento. Está en el desierto". Cuando mi esposo regresó, yo ya estaba lista para irnos. Él quería caminar detrás de la casa para buscarlo. Le dije que no, que debíamos ir a las montañas donde estaba el agua. Tuve una visión de un pequeño charco de barro detrás de *Red Mountain*, donde había llovido. Así que nos fuimos en el coche, nos acercamos a un charco que había a un lado de la carretera, y ahí estaba mi perro, ¡vivo!

Creí que era un espejismo, pero lo llamé y levantó la cabeza, así que me bajé del coche lo más rápido que pude. Lo cargué y grité de gratitud. Lo llevamos al hospital y se recuperó muy rápido.

Desde entonces, mi corazón está abierto al amor. Mi vida ha cambiado. Conocí a Ellany, una persona maravillosa, amorosa y amable. Las cosas son mejores cada día. Estoy profundamente agradecida con los ángeles y el Creador por traerme un perro que me enseñó a sentir amor.

Capítulo 11

Voces angélicas

"Estás a salvo... solo suelta"

Por Nelly Coneway

La noche de Año Nuevo de 2009 tuvimos una experiencia muy intensa. Mi hijo y dos amigos suyos asistieron a una fiesta; yo fui a recogerlos a las 3 a. m. Estaba muy cansada por mis actividades, pero les pedí a los ángeles que me guiaran y me protegieran.

De camino a dejar a uno de los chicos, entré a una calle estrecha, sin luces y nada de visibilidad. La calle estaba vacía pero, de repente, una enorme camioneta venía derecho hacia nosotros. Todo pasó tan rápido que no pude hacer nada, pero escuché la voz del Arcángel Miguel que me decía: "Estás a salvo... solo suelta". En el momento en que pensé que chocaríamos de frente, algo agarró el volante y giró de manera que escapamos del choque.

Fue increíble que no chocáramos. Incluso los chicos se dieron cuenta y dijeron: "¡Wow! Casi chocamos, fue un milagro". Gracias a Dios y a Sus poderosos ángeles, los cuatro sobrevivimos.

Tan clara como la luz del sol

Por Victoria Granados

Un día me disponía a salir a caminar, como lo hacía todas las mañanas. Me despedí de mi hijo y le dije que me iba a *Mission Trails*. Iba bajando las escaleras cuando escuché que un ángel me decía con una tierna voz, tan clara como el sol: "Hoy ve a *Lake Murray*, habrá más gente ahí y es más seguro". Le hice caso.

En la noche de ese día, mi hijo me llamó desde casa de su padre y pude notarlo asustado. Quería saber si estaba bien. Al preguntarle por qué, me dijo que acababa de ver en las noticias que habían atacado a una mujer en *Mission Trails* más o menos a la misma hora en que yo habría estado ahí.

La voz de ese ángel me protegió del peligro ese día.

Una voz tranquilizante y reconfortante
Por Verlain Lane

Era invierno y el tiempo en Kansas era frío y despejado. Tenía una cita en el hospital, que quedaba a dos horas de casa.

Mi hijo de dos años iba en el asiento del lado del copiloto de nuestra camioneta Toyota '86 con tracción en las cuatro llantas. Me fijé en que el cielo estaba nublándose y estaba oscureciendo, aunque estaba soleado hacía una hora que salimos de la casa. Cuando llegamos a la rampa para incorporarnos a la I-70 era como una cortina espesa que cayó de repente frente a nosotros.

Me sorprendió que la nieve fuera tan espesa y cayera tan rápido que no me dejaba ver nada. Bajé la velocidad y pensé en regresar a la casa, pero seguí adelante porque había esperado dos meses para que me dieran la cita. Además, ya íbamos a la mitad del camino. Bajé la velocidad y lentamente subimos la rampa, estaba segura de que se despejaría en cualquier momento. Pero no.

Avanzando hacia el este por la I-70 vi que había coches fuera de la carretera y los tráileres iban muy despacio. Había puesto la tracción en las cuatro llantas y le dije a mi hijo que estaríamos bien. Iba subiendo por un paso elevado y al pegarle a una pequeña saliente, la camioneta se derrapó sobre el hielo.

En eso, volteé a ver a mi hijo y ¡vi que no traía puesto el cinturón de seguridad! Estiré el brazo derecho y lo agarré de la cintura mientras trataba de controlar la camioneta con la mano izquierda. No podía hacer que el coche dejara de patinar y tampoco podía soltar a mi hijo.

Escuché una voz masculina que decía: "Agarra al niño, suelta el volante y cierra los ojos". No me puse a pensar quién estaba hablándome, solo hice lo que me decía.

Cuando abrí los ojos, un hombre jaló la puerta para abrirla y preguntó si estábamos bien. La camioneta voló la barda y patinó por toda la vía de concreto, como si fuera una vía de tren. Le dije que estábamos bien y fue a pedir ayuda. ¡Lo más milagroso de todo fue que la camioneta no tenía ni un rasguño!

Lo primero que dijo mi hijo fue: "¡Wow, mami!", mientras aplaudía. En lo que esperaba a que llegara la ayuda, traté de averiguar quién había dicho eso cuando la camioneta comenzó a derrapar. Era la voz más serena y tranquila que jamás hubiera escuchado. Tan tranquila y relajante. Cuando hice lo que me dijo, me envolvió una sensación de tranquilidad y amor. Como si mi hijo y yo estuviéramos contenidos en un abrazo gigante.

Llegamos a tiempo a la cita con el médico (era amigo del golf del sacerdote de nuestra familia) y, cuando le conté lo que había pasado, contestó: "¿Sabes que hoy conociste a un ángel, verdad?". Solo pude asentir con la cabeza.

Aunque han pasado catorce años, nunca olvidaré la amorosa guía que me habló en esa mañana helada de marzo.

GRACIAS A DIOS POR LOS ÁNGELES
Por Rebecca Thrasher

Iba en el coche a mi casa, salí temprano del trabajo y me sentía abrumada. Mi hijo menor, Tyler, estaba enfermo en casa y yo me casaba al día siguiente. Y, como si fuera poco, iban a llegar a casa unos invitados para la boda.

El doctor de Tyler dijo que tenía un virus y todo el día estuvo llamándome para decir que se sentía peor. No sabía si llevarlo a la clínica. Llamé al doctor y me dijo que las molestias que Tyler sentía eran parte del virus. Me pregunté: *¿De todas maneras llevo a Tyler al hospital?* No quería correr riesgos tratándose de la salud de mi hijo. Pero, por otro lado, tenía tantas cosas qué hacer y el doctor me había asegurado que los síntomas de Tyler eran normales.

Entonces, escuché una voz que decía: "¡Es el apéndice!", alto y claro. Así que llevé a Tyler a la clínica. El doctor empezó a decirme que pensaba que era el virus, pero le contesté que quería estar segura de que no se tratara del apéndice. Le hizo otra prueba y consultó con otro doctor, quien dijo lo mismo.

Nos dijeron que fuéramos al hospital a ver a un cirujano. Le sacaron el apéndice justo a tiempo antes de que empeorara. Le agradezco a Dios y a Sus ángeles por salvar la vida de mi hijo.

Me mantuvieron a salvo
Por Diane Smith

Eran las 5:30 de la mañana e iba en el coche al trabajo; la oficina está por un camino entre el bosque y no había más luz que la de los coches. De repente escuché una voz que me dijo que empezara a frenar. Lo hice y del bosque salió un gran reno frente a mi coche.

Cuando comencé a avanzar de nuevo, la misma voz me dijo que no avanzara porque había otro reno. Me detuve otra vez y, obviamente, del bosque apareció otro reno grande.

Si no hubiera hecho caso a esa voz, seguramente habría chocado contra el reno y quizá me hubiera lastimado. Supe que era mi ángel de la guarda que me mantuvo a salvo. Fue la primera vez que escuché a mi ángel de la guarda y ahora, cada vez que oigo esa voz, le hago caso.

El ángel de la luz blanca
Por Jim St. Onge

Ese día, el clima en Nueva Inglaterra era un desastre. Nieve, aguanieve, lluvia helada. ¡Muy mal! Tenía cosas qué hacer en la calle y el estado de la carretera empeoraba de camino a casa. A la distancia vi dos patrullas y un coche que se había estrellado contra un poste de teléfono.

Bajé la velocidad pero mi coche empezó a deslizarse hacia los otros coches. Pronto visualicé una luz que cubría mi coche y, mentalmente, le grité a los ángeles que lo controlaran. De repente, escuche una voz que decía, "¡Quita el pie del freno!".

Obedecí y, el coche, a punto de perder el control, frenó milagrosamente y se detuvo justo antes de estrellarse contra una patrulla. Al pasar despacio junto al accidente, vi a la persona que conducía y le mandé muchos ángeles a esa mujer, que gracias a Dios parecía estar bien.

Agradezco mucho a mis ángeles su ayuda en esta situación. ¡Me salvaron de un posible accidente!

"¡Baja la velocidad!"
Por Arlene Martin

Tenía la costumbre de salir a correr por las tardes al Lago Michigan. Una noche mientras corría, una "voz" me dijo que me fuera más despacio. No le hice caso. Corrí unos metros más y el podómetro dejó de funcionar. Me detuve para reiniciarlo. Cuando reanudé la carrera, volví a escuchar la voz que me dijera que fuera más despacio. La ignoré y, otra vez, el podómetro dejó de funcionar. Bajé la velocidad para volver a iniciarlo y seguí corriendo a una velocidad menor.

Unos minutos después, a poca distancia de mí, hubo un accidente entre dos coches. Uno de ellos salió disparado y cayó a cinco metros delante de mí, en el carril para correr. Si no hubiera bajado la velocidad, el coche me hubiera caído encima.

Siempre he sabido que la voz era de mi ángel.

GRACIAS A DIOS QUE HICE CASO
Por Debbie Hoskin

Mi hijo Jason acababa de sacar el permiso para manejar. Era domingo en la tarde y me preguntó si lo acompañaba a manejar. Pensé que sería una excelente manera de pasar un rato juntos, así que acepté y él manejó. Llevábamos en el coche unos 20 minutos por una carretera nacional. Jason lo hacía muy bien, así que empecé a relajarme y a ver el paisaje. De hecho, me relajé demasiado y olvidé que mi inexperto hijo de diecisiete años iba al volante.

De repente, algo me dijo que dejara mi ensoñación. Me dijo: *Pon atención mientras tu hijo maneja.* Entonces, como un sueño muy real, tuve una visión de un coche rojo que salía de la curva e invadía nuestro carril. Casi no le puse atención pero cedí ante un fuerte presentimiento que me gritaba que le dijera a mi hijo qué hacer en caso de un posible choque frontal. Me escuchó con atención y me repitió las instrucciones.

Menos de un minuto después, un pequeño coche rojo salió a gran velocidad por la curva, rebasó a un vehículo que iba lento y venía directo a nosotros por nuestro carril. Mi hijo sabía exactamente qué hacer para evitar lo que pudo haber sido un accidente mortal. Estaba segura que un ángel de la guarda nos advirtió. Les agradecí muchas veces ese día y me prometí siempre hacerle caso a mi intuición.

Un ángel terrenal me rescató
Por Lorein Cipriano

Iba por la Ruta 8 en Connecticut después de visitar a una amiga. Ya era tarde, alrededor de la 1 a. m., y la carretera estaba muy oscura. De repente vi que había un coche detenido en la orilla de la carretera. Una voz me dijo: "¡Párate, párate!".

Por lo general, jamás me hubiera detenido en una carretera oscura pero la voz me transmitió tanta urgencia que pisé con fuerza el freno y me estacioné delante del coche.

Volteé y vi a una mujer que salía del lado del copiloto y corría hacia mi coche. El conductor, un hombre, también salió. La mujer llegó a la altura del copiloto de mi coche y la voz me dijo: "¡Deja que se suba!".

Abrí la puerta del otro lado y la mujer, llorando, se subió. El hombre llegó de mi lado y empezó a golpear la ventana. La voz dijo: "¡Arranca!", y puse el pie en el acelerador y salí de ahí lo más rápido que pude.

La mujer me dijo que se había quedado trabajando hasta tarde en la fábrica pero la persona que iba a pasar por ella no llegó, y este hombre (que también trabajaba en la fábrica) se ofreció a llevarla. Sin embargo, de camino a su casa, el tipo detuvo el coche y quiso abusar de ella sexualmente. Estaba luchando contra él cuando mi coche se detuvo delante de ellos. Estaba profundamente agradecida. Atribuyo el "rescate" a la ayuda de sus ángeles y los míos. Creo con firmeza que Dios nos habla y nos guía a través de Sus ángeles.

"ESTÁ ANARANJADO"
Por Jane Anne Morgan

El año pasado, me despertó la alarma del detector de CO^2 (un aparato que detecta fugas de gas). Vivo en un dúplex, y esa semana, mi vecino tuvo una situación similar. Resultó que ambos detectores funcionaron mal en la misma semana.

El caso es que tenía tanto sueño esa noche que me levanté a desconectar el detector para que dejara de sonar. Pensé que en la mañana, despierta, lo revisaría. En ese momento sonó el teléfono. Contesté y una grabación dijo: "Tiene una llamada por cobrar de..." y una voz muy profunda dijo: "Está anaranjada", ambas palabras pronunciadas con lentitud.

En cuanto escuché esas palabras supe: "¡Dejé encendido el horno de gas!". Cuando el gas es peligroso, la flama se ve de color anaranjado. Corrí a la cocina y, efectivamente, el horno estaba encendido. Así que el detector funcionaba bien, la alarma era una alerta. Si el teléfono no hubiera sonado para advertirme del peligro es probable que hubiera muerto en poco tiempo.

Pero, ¿de dónde vino esa llamada? Como era una llamada por cobrar, esperé a que llegara el recibo del teléfono para ver el número desde donde marcaron. En el recibo decía que la llamada entró a las 4:45 a. m. de un número en Denison, Texas. Yo vivo en Oklahoma.

Marqué el número y era un lugar llamado Motel Cardinal. El gerente me dijo que no había forma de saber quién llamó esa noche. ¿Cómo supieron que el horno estaba encendido? Quienquiera que haya llamado me salvó la vida, y creo que fue un ángel.

Mi ángel de la guarda me salvó
Por Alison Clarke Taylor

Tenía veinte años y regresaba a casa por una carretera estrecha y con muchas curvas. La carretera rodeaba árboles y subía por una colina sin visibilidad. Siempre subía esa colina con precaución y me orillaba a la derecha. Pero había laderas a ambos lados de la carretera así que no queda mucho espacio para que pasen dos coches.

Ese día, al acercarme a la colina, escuché una voz que decía, "Oríllate y detente". Iba sola en el coche. Sentí que el volante giraba a la derecha, así que seguí el consejo. Me quedé unos segundos preguntándome por qué me había parado —algo que jamás había hecho en las cientos de veces que había pasado por ahí.

En eso estaba cuando una mujer apareció por la colina en un coche grande, iba muy rápido y ocupaba prácticamente toda la carretera. Pude haber muerto o salir mal herida si hubiera chocado contra ella. Sentí que mi ángel de la guarda me salvó la vida.

La enfermera que habla con los ángeles
Anónimo

En 1989 trabajaba como enfermera en el turno de noche en el Stanford Hospital. La única manera de aguantar los cambios de turno de día y de noche era rezar antes de entrar a trabajar, pues había veces que me quedaba 24 horas. Le pedía a la Divina Providencia que lograra acabar la noche, que estuviera a salvo y alerta por cualquier cosa que ocurriera.

Una noche me dirigía a la habitación de un paciente, y escuché una voz que decía que fuera al otro lado del pasillo y viera cómo estaba otro de mis pacientes. Pensé, *Acabo de verlo hace poco, estaba dormido y estaba bien*. Por lo general, las rondas nocturnas a cada paciente se hacían cada dos horas y hacía 45 minutos que lo había visto.

Escuché la voz y traté de razonar, *Pero recién lo vi*, y la voz insistió. Entonces decidí, *Está bien, iré a verlo*. Dejé las medicinas del otro paciente y caminé por el largo pasillo hasta la habitación. El paciente dormía, le puse la mano en el pecho y pregunté si estaba bien. Cuando lo toqué, me di cuenta de que algo estaba mojado, así que prendí la luz. Vi que sangraba por una línea central donde le habían quitado una vía en el turno anterior, hacía horas.

Inmediatamente apliqué presión. Le pregunté al paciente si sentía dolor o si sabía que estaba sangrando, dijo que no. ¡Estaba soñando! Entonces supe que la única manera de detener la hemorragia incipiente era por Intervención Divina. Me sentí muy agradecida y ahora siempre escucho a mis ángeles.

La guía angélica que me mantuvo a salvo
Por Martín W. Acevedo

Un día de marzo de 1997 llegué a casa muy tarde. Estaba muy cansado y tenía ganas de descansar. Cuando entré escuché una voz que decía de manera clara: “Todavía no te acuestes”. La voz no era femenina ni masculina, no era amenazadora ni dulce. Era tranquila y tenía autoridad.

Soy veterano de una iglesia en la que se honran las creencias espirituales de Oriente y Occidente y desde pequeño rezo para recibir ayuda de los ángeles, así que el comunicado no me pareció extraño. Solo dije en voz alta: “Está bien”, y estuve entreteniéndome en la sala. Después sentí que, lo que fuera que iba a pasar, pasaría pronto. En ese momento escuché un zumbido intermitente que venía de la cocina.

Entré y vi que el enchufe del refrigerador estaba ardiendo y las llamas subían por la pared. En ese tiempo vivía en una casa vieja rentada y es probable que el cableado estuviera obsoleto. Pensé, *Wow*, pues supe que había recibido el mensaje a tiempo. Apagué el fuego con un pequeño extinguidor que tenía a la mano.

Pensando en ese episodio, contento le dije a mi amigo invisible: “Gracias”. Más tarde, iba a mi habitación y mi ángel de la guarda me mandó otro mensaje: “Revisa el detector de humo”. Revisé el detector de mi cuarto y descubrí que las pilas no servían. Si no hubiera estado receptivo al mensaje de mi ángel, seguramente habría muerto por el incendio de la cocina pues no lo habría detectado.

Agradezco la relación que existe entre el cielo y la tierra, para que cada uno pueda llevar a cabo su misión. Espero que esto inspire a que más gente se abra a sus amigos ángeles.

En ángel que me cuida
Por Azaya Deuel

Mi primera experiencia con ángeles fue cuando tenía unos cuatro años. Mis hermanos, Bobby, Billy, Anne y yo estábamos en el parque cerca de la casa, en Azusa, California. Mientras mis hermanos jugaban con amigos en un extremo del parque yo me fui a la fuente, del otro lado.

Se me acercó un señor y preguntó si quería un dulce. Le pregunté si me daba más para mis hermanos. Contestó que sí, que fuera con él detrás de uno de los edificios junto al estacionamiento para que me diera todos los dulces que yo quisiera. Tenía la intención de ir con él porque de verdad quería dulces.

Empecé a seguirlo cuando una voz me dijo: "Ve a decirles a tus hermanos a dónde vas". Se lo dije al señor, pero contestó que no era necesario, no íbamos a tardarnos. Insistí en que tenía que decírselos, hice lo que me habían dicho y le grité a Billy. Desde el otro lado del parque, me preguntó a dónde iba. Le contesté que iba con el señor amable a que me regalara dulces para todos. Volteé y vi que el señor no estaba. Todos los niños fuimos al estacionamiento a buscarlo pero no estaba por ningún lado. Después de eso, no me dejaron alejarme.

Ese día en la noche, la policía fue a casa y nos hicieron muchas preguntas. Era finales de 1949, una época en la que había muchos secuestradores. Afortunadamente, mi ángel intervino y, todavía más afortunadamente, ¡lo escuché y le hice caso!

"¡Kate, respira!"
Por Kate Whorlow

Era 1992, unos meses después de que mi abuela muriera. Estaba dormida en la cama, era temprano. No recuerdo qué soñaba pero creo que mi abuela estaba en el sueño. De repente, oí que alguien me decía fuerte al oído: "¡Respira, Kate, respira!".

Tosí y desperté de repente al mismo tiempo que me di cuenta de que había dejado de respirar. Me senté de inmediato e inhalé lo más profundo que pude, tratando de entender qué había pasado. Me dio miedo; primero pensé que mamá había entrado a mi cuarto, vio que no respiraba y me había dicho que respirara, pero todos estaban dormidos y no había nadie.

Años después, ahora sé que mi ángel fue quien me dijo que respirara y me salvó la vida, pues entonces no sabía que tenía asma —un síntoma de la apnea del sueño (cuando dejas de respirar mientras duermes)—. Creo que mi abuela me mandó al ángel para que me salvara porque ella también tenía asma.

En las alas de los ángeles
Por Azaya Deuel

Mi esposo Dan era piloto e instructor de vuelo, y tenía un avión propio. Un día, Dan y yo volamos de un aeropuerto en La Verne, California, hacia las montañas del sur del estado. Era un día hermoso y todo iba bien.

De repente, el motor del avión empezó a tronar y se detuvo. Dan intentó todo lo que se le ocurrió pero nada funcionaba, así que empezó a buscar un lugar para aterrizar de emergencia. Las cosas no parecían estar bien. Yo no sabía nada de volar, Dan nunca me decía nada de aviones ni de mecánica. Mi vida pasó en flashazos delante de mis ojos, como en los libros.

Entonces oí una voz que decía: "Calefacción del carburador. Dile que encienda la calefacción del carburador" —y se lo dije—. Le grité: "¡Calefacción del carburador!". Supongo que mi grito lo sorprendió de manera que presionó de inmediato el botón de la calefacción.

Todo debe haber pasado en cuestión de segundos, pero me pareció una eternidad. Encender la calefacción funcionó y logramos llegar sanos y salvos al aeropuerto.

Dan me explicó después que el carburador se había congelado durante las tormentas de los días anteriores y el hielo no dejaba que el combustible pasara al motor. Una vez que la situación estuvo controlada, mi esposo me miró y preguntó: "¿Cómo?". Le conté sobre la voz del ángel. Supongo que no me creyó, pero yo estoy segura de que los ángeles iban piloteando el avión ese día y que ¡nos habían salvado la vida!

El día que los ángeles me advirtieron de un peligro inminente

Por Natalia Kuna

Cuando tenía veintitantos, iba caminando a una parada de autobús cerca de la Universidad de Auckland, en Nueva Zelanda. El área no estaba bien alumbrada, así que estaba muy oscuro y daba mala espina —la verdad, daba miedo pues había un viejo cementerio del otro lado de la calle—. Pero yo iba concentrada en llegar a la parada.

De repente, una voz desencarnada se metió a mi cabeza y me dijo rápida y claramente que un coche estaba a punto de pararse detrás de mí y que un hombre intentaría meterme al coche. Supe que debía confiar en esa voz.

Literalmente, unos segundos después de la advertencia, pasó lo que me dijo. Un coche maltratado se orilló detrás de mí, bajó la velocidad y se detuvo justo frente a mí. El tipo trató de convencerme verbalmente y con ademanes de que me metiera al coche. Su modo era poco escrupuloso y contundente, y su energía se sentía oscura. Parecía sospechoso, descuidado y agitado.

Era obvio que sus intenciones no eran buenas y que no era de fiar. Una corazonada me dijo que me hiciera hacia atrás y que no me metiera en ese coche. La advertencia de mi ángel me tranquilizó y me dio el valor para manejar la situación de forma serena. Le dije de forma clara y firme que no haría lo que me decía. Pero actuó como si no fuera a darse por vencido.

Pero entonces, en un instante, algo cambió en él. Aunque la calle estaba completamente desierta y no había nadie por ahí, se fue rápido, como con miedo. Como si algo lo hubiera obligado a irse. De otra manera, el desenlace hubiera sido terrible.

Sabía que los ángeles estaban protegiéndome de un predicamento muy grave, peligroso y aterrador. Su advertencia me ayudó a prepararme mental y emocionalmente para enfrentarme a una situación tan desagradable. Me da miedo pensar a dónde me habría llevado ese hombre y qué habría hecho. ¡Quizá no estaría viva! Muchas veces me pregunto qué hicieron los ángeles para asustarlo y que saliera huyendo.

Cuando el asunto terminó estaba impactada —casi no podía creerlo—. Me sentí con suerte, bendecida y protegida por tener a los ángeles que se encargaron de tal peligro.

Capítulo 12

Percibiendo la presencia de ángeles o seres queridos fallecidos

REUNIÓN DE MASCOTAS

Por Patricia Genetos

Mi papá murió hace muy poco. Justo después de que muriera, le pedí que me dijera que estaba bien. Sorpresivamente, una noche que estaba acostada en casa de mi hermano me asusté, papá había sufrido y muerto en esa casa, en la habitación de abajo.

Después me sentí adormecida y me inundó una ola de paz, desde los dedos de mis pies hasta la cabeza. Luego tuve una sensación de un enorme gozo y escuché las siguientes palabras: "Encontré a Misty. ¿Qué te parece?". ¡Era mi papá!

Papá se había reunido en el cielo con su amada perrita blanca, Misty. Él sabía que, como amo a los animales, lo relacionaría con lo que me dijo. Sonreí y me dormí tranquilamente y lleno de paz.

Una promesa de amor
Por Laura M. Mehlhorn

Cuando tenía 19 años, mi tío abuelo Jim estaba muriendo de cáncer después de años de fumar. Los doctores le dijeron que le quedaban solo unos meses antes de que estuviera demasiado enfermo como para viajar y que moriría sedado y con dolores terribles.

Él quería ver a la familia por última vez antes de enfermarse demasiado. En su última visita, me puso las manos sobre los hombros, me miró a los ojos y dijo: "Quiero que me prometas algo seriamente, así que no prometas nada a menos que vayas a cumplirlo. Es una promesa a un moribundo, es sagrada. Prométeme que jamás vas a fumar, nunca vas a probar un cigarro". No quería que nadie viviera lo que él estaba padeciendo.

Ninguno de mis papás fumaba y yo no había tenido curiosidad de probarlo, así que pensé que iba a ser fácil cumplir la promesa. Le prometí, con lágrimas amorosas en los ojos, que no iba a fumar.

Unos cuatro años después, estaba con mi prometido y unos amigos. Uno de los amigos, que fumaba, me dijo que por lo menos probara uno, ya que nunca lo había hecho. Se me había olvidado la promesa. Tomé el cigarro que me ofrecía y consideré encenderlo pero sentí unas manos cálidas sobre los hombros y una voz cargada de decepción. Solo dijo: "¡Ay mi amor, pero lo prometiste".

Con eso fue suficiente. De inmediato supe quién me hablaba y recordé la promesa. Solté el cigarro sin siquiera tocarlo con los labios y nunca he vuelto a olvidar la promesa. Tengo 53 años y unos pulmones sanos —gracias a mi amoroso tío abuelo.

La amorosa voz del abuelo
Por Candice Graham

Estaba leyendo el libro *One Last Time*, del médium John Edward y su contenido me tenía intrigada. Mi esposo y yo regresábamos de Florida en avión, iba sentada junto a él. Al final del libro hay una meditación en la que te relajas mucho para poder entrar en contacto con alguien que ha muerto y está del otro lado.

Lo intenté pero, al final de la meditación pensé, *Bueno, no está funcionando, quizá sea porque voy en un avión y hay mucha gente alrededor*. En ese momento escuché la voz de mi abuelo, ¡muy clara! Me dijo: "Te quiero, mi amor". Los ojos se me llenaron de lágrimas.

Me sentí aliviada porque sabía que era él. Y no me asustó, como pensé que sería. Era él —su voz, con el mismo timbre y la misma forma de decirlo. De verdad, ¡fue maravilloso! Solo contesté: "Y yo a ti, abuelo".

Mi abuelo fue un cristiano muy religioso, asistía a una iglesia estricta donde no creían en hablar con los muertos. Así que es irónico que me haya hablado desde el cielo. Creo que, si quieres contactar a alguien con todo tu corazón y tienes en mente el amor de Dios, la comunicación puede ser tan maravillosa como era cuando la persona estaba viva.

Una de las razones por las cuales esta historia es tan importante para mí es que, durante años, anhelé una confirmación de que el cielo existe de verdad. Después de que mi abuelo murió, recé tanto: "Dios, por favor, que haya un cielo al que mi abuelo se haya ido".

Ahora lo sé con certeza, el cielo existe y mi abuelo está donde tiene que estar.

Y EL ÁNGEL CANTÓ
Por Susan

En noviembre de 1995 vivía lejos de mi familia. A media noche, un canto hermoso me despertó suavemente. Sonaba como una voz femenina que cantaba notas cada vez más altas. Ya estaba despierta pero no tenía miedo. Entonces, la última nota fue todavía más alta, con una sensación de ligereza. La música fue *in crescendo* y después desapareció.

Me pareció que la música provenía de la sala, así que me levanté y empecé a buscar detrás de las puertas tratando de descubrir el origen. ¡Pero no había nada! A la mañana siguiente, mi familia me llamó para decir que mi abuela había muerto la noche anterior.

Un sonido que me salvó la vida
Por Brenda Gagas

Un día, un ángel de la guarda me guio de la escuela a mi casa. Era mediados de septiembre de 1991. La noche anterior no había dormido mucho y tenía que manejar a casa para la boda de mi hermana. Estaba cansada, agotada por una noche de solo dar vueltas en la cama con la cabeza pensando mil cosas. El viaje era de cuatro horas manejando a través de Michigan y el norte de Wisconsin. Después de dos horas de viaje y en una carretera de dos carriles, necesitaba cerrar los ojos para descansar un poco. Nunca se me ocurrió pensar lo que sucedería si me quedaba dormida manejando.

Un golpe seco en el parabrisas me hizo abrir los ojos abruptamente. Abrí los ojos y busqué qué había sido. No había nada —el parabrisas no tenía marcas del lado del pasajero, de donde había salido el sonido, no había restos en el aire ni en la carretera—. En ese momento supe que el sonido había sido diferente a cuando golpeas algo. Había algo sólido detrás del sonido, como si alguien hubiera golpeado el parabrisas con el puño. Sorprendida miré al asiento del copiloto, mi corazón sabía que Dios me había mandado a un ángel para que me despertara y evitara un accidente que podía haberme costado la vida.

Pues toda la emoción y la adrenalina que tenía en el cuerpo no me mantuvieron despierta mucho tiempo. No habían pasado ni 30 minutos y ya me sentía cansada otra vez. Abrí las ventanas y subí el volumen de la radio, pero mis ojos querían cerrarse y caer en un profundo sueño mientras mi coche avanzaba a 95 kilómetros por hora.

De repente, otro golpe seco. Esta vez había coches rebasándome y más adelante, la carretera hacía una ligera curva. Con los ojos bien abiertos y el corazón latiendo muy rápido, vi por los espejos a ver qué me había golpeado. Nada. El golpe se oyó en la defensa delantera del lado izquierdo, arriba de la llanta. Esta vez estaba despierta, rezando y agradeciéndole a Dios y a mi ángel de la guarda.

Sabía que no estaba sola. No veía a nadie pero estoy segura de que había un ángel de la guarda sentado en el cofre de mi coche, guiándome para llegar a salvo a casa. No he vuelto a oír otro golpe seco en mi coche ni en ningún otro. Desde entonces, no he vuelto a tener la necesidad de descansar los ojos mientras manejo.

¡Gracias, bisabuela!
Por Tracey Staples

Cuando mi bisabuela murió, yo estaba destrozada. Era mi mejor amiga y siempre tuve una conexión especial con ella. Ella era la única que sabía qué decir para que me sintiera mejor sobre cualquier cosa.

No podía creer que ya no estuviera. Creo que de verdad preocupé a mi mamá porque me negaba a creerlo. Tenía sueños muy "reales" en los que estaba con mi bisabuela. Ahora sé que en verdad estaba con ella durante mi sueño.

Pero un día finalmente me di cuenta de que estaba muerta. Estaba oyendo la canción "Can't Smile Without You" (No puedo sonreír sin ti), de Barry Manilow, y las palabras me llegaron. Lloré durante días, como cuando acababa de morir. El dolor y la pena eran insoportables. Además del dolor, estaba aterrada y muy triste por tener que buscar un lugar donde vivir. No soportaba la idea de que ya no estuviera aquí para que todo fuera mejor.

Unos días después estaba en el cine viendo una película. A media película sentí una corriente de aire frío. Cuando inhalé, olí a mi bisabuela. Fue una experiencia surrealista. Estaba friqueada pero, al mismo tiempo, sentía una sensación enorme de gozo. Volteé alrededor para buscar de dónde venía la corriente, pero no vi nada.

No había forma de explicar el olor porque mi bisabuela siempre olía al talco que se pusiera mezclado con la pomada Bengay. ¡Era un olor único! Desde el incidente, no volví a percibirlo. Siempre me fijo en los detalles de la gente —en su olor, en todas sus facciones físicas y en cómo me siento cuando estoy con ella—. Así que el recuerdo del olor de mi bisabuela es muy preciso y estoy segura de que era el mismo que percibí en el cine.

De camino a mi casa iba tan sorprendida como feliz. Fue como si el tiempo se hubiera detenido después y me quedé con esa sensación de euforia. Estaba tan feliz de que mi bisabuela me hubiera avisado que está aquí.

El martes de esa semana, mi mamá me habló y me dijo que se le había hecho tarde para ir a trabajar (algo muy raro en ella). Y cuando salió del edificio se encontró a la propietaria. Llevaba viviendo ahí un año y jamás se la había encontrado.

Mi mamá le dijo que yo necesitaba tener un lugar para vivir y la mujer le contestó que tenía algo disponible. Mi mamá me dijo: "A ver, Tracey, si esto no te parece una señal de que tienes que cambiarte a este edificio, ¡no sé qué quieres!". Llamé a la dueña y pude mudarme de inmediato. Incluso me permitió pagar el depósito en mensualidades. Gracias por tu ayuda, bisabuela.

Cumplió su promesa
Por Peggy L. Lorenz

Mi esposo Joe murió después de luchar durante ocho meses contra un cáncer de riñón. Tuvimos mucho tiempo para hablar de cómo sería mi futuro sin él, de qué hacer con los niños, el negocio y de las muchas cosas que quería arreglar antes de irse.

Una de las cosas de las que más hablamos fue nuestra vida después de la vida en la tierra. Ambos éramos cristianos y creíamos en que estaríamos con el Señor por toda la eternidad. Pero le pedí algo a mi esposo. Por mi propia tranquilidad, le pedí que, si había alguna manera de que me dijera que él estaba bien después de morir, que por favor lo hiciera para que no estuviera preocupada por él. Estábamos tan conectados en la vida que sabía que, si podía hacerlo, lo haría. Solo que no tenía idea de lo pronto que pasaría.

El 14 de mayo de 1997 a las 3:35 p. m., Joe murió rodeado de familia y amigos. Todos tuvieron oportunidad de despedirse y se fue de manera tranquila —dejó de respirar—. Una buena amiga se quedó conmigo esa noche porque no estaba de ánimos para estar sola y tampoco quería estarlo.

Como era de esperarse, me costó mucho trabajo quedarme dormida cuando todos lograron convencerme de que necesitaba descansar. Estaba acostada en la cama del lado de Joe, en donde Joe inspiró por última vez doce horas antes. No estaba dormida, sino en un estado intermedio, cuando estás alerta de lo que pasa a tu alrededor.

Estaba acostada de lado con las manos debajo de la mejilla. Sentí que Joe me tocaba el brazo y percibí su aroma. Fue una experiencia muy breve, pero real. Me incorporé de un salto y empecé a llorar. Era lo que quería, pero sucedió tan rápido después de su muerte que me sorprendió y me sentí un poco asustada.

Primero pensé que estaba volviéndome loca. Pero después me di cuenta de que Joe estaba cumpliendo lo que me prometió. Es algo que atesoraré hasta el día en que me reúna con él.

No hay otra explicación

Por Lisa Gayle Davis Flores

En 1983 estaba pidiendo aventón desde Oregon hasta Washington para ir al funeral de mi abuelo. Estaba parada en el acotamiento de la carretera cuando un Chevrolet El Camino se salió por el acotamiento, a casi 90 kilómetros por hora. Me golpeó en la espalda baja.

Salí volando y aterricé en el suelo. Pensé que había muerto pero sentí que alguien ponía sus manos sobre mis hombros y me levantaba. Cuando volteé a ver quién me había ayudado, no había nadie. Tenía un mes de embarazo. Creo en que fue mi ángel de la guarda que salvó a mi bebé antes de que naciera. Nunca lo olvidaré.

SIEMPRE FLORECIENTE
Por Barb Hacking

Hacía poco que asistí a una "celebración de la vida" de Kim, una amiga que murió después de una larga enfermedad y que dejó a dos niños pequeños y a un esposo amoroso. Su hermana fue una de las personas que hablaron durante la ceremonia; habló de que un tulipán siempre le recordaba a Kim. Cuando Kim supo que probablemente no llegaría viva a la primavera, sembró varias semillas de tulipán. ¡Qué manera tan hermosa de recordar cada primavera el amor por su familia!

Esa noche, cuando volví a casa entré a la recámara de mi hija de siete años para leerle un cuento. Antes de empezar, Rachel se inclinó a mí y me dijo que olía a tulipán. ¡Wow! Los niños verdaderamente están sintonizados con lo que sucede a su alrededor. Ella no había ido a la celebración y no sabía nada del legado de tulipanes que Kim había dejado.

EL BESO DE UN ÁNGEL
Por Maya Tonisson

Mi pareja romántica murió el 18 de junio de 1999, tenía 26 años. Tuvo una hemorragia cerebral y, después de una operación y una semana en coma en terapia intensiva, se dejó ir. Yo tenía 25 y nunca había experimentado la pérdida de una pareja, ni la de nadie en mi vida que fuera tan joven. La hora de la muerte fue las 5 o 6 de la mañana. Esa noche me quedé con una amiga pues no quería estar sola.

Sin embargo, la tarde siguiente decidí quedarme sola en la casa y, después de meterme a la cama, entré en un estado de semiinconsciencia. Estaba medio dormida, medio despierta, cuando sentí que mi novio se acostaba a mi lado y me besaba con suavidad. Unos instantes después, desperté, brinqué y me incorporé con los ojos abiertos, pero ya no estaba. No lo vi pero, hasta la fecha, creo que lo que sentí fue real.

Capítulo 13

Luces de ángeles

LA ELECCIÓN
Por Christine Sinon

Cuando estaba embarazada de mi primer hijo, vivía en una pequeña isla en Micronesia, en Pohnpei.

En mitad de la noche me levanté a usar el baño exterior. En la casa no había nadie más despierto. Dejé la puerta empareja-da porque siempre se atoraba y no quería despertar a nadie al regresar. Cuando volvía a la casa sentí silencio a mi alrededor, como si estuviera separada de la casa.

La puerta principal estaba cerrada y con llave, o por lo me-nos no pude abrirla, pero nadie estaba despierto. Toqué que-dito con la mano, pensé que quien había cerrado la puerta seguiría despierto y me abriría, pero nadie abrió y nadie me escuchó. Era como si una barrera invisible me separara. Caminé hacia la puerta trasera, miré por la ventana de mi habitación y traté de despertar a mi esposo.

Cuando estaba en el jardín sentí muchas presencias espirituales a mi alrededor y sobre mí, no eran amenazantes sino curiosas. Vi muchos puntos de luz que parecían estrellas, pero flotaban en el aire muy cerca de mí, a menos de dos metros del piso (mido 1.60 m) y sentí que los espíritus estaban cerca de mi cabeza. Aunque no vi a nadie en especial, supe que eran espíritus de familiares muertos de mi esposo.

Sentí que me preguntaban si quería que uno de ellos reencarnara en el alma del bebé que estaba esperando. En ese tiempo no creía en la reencarnación. Traté de no hacer caso a esos sentimientos e intenté volver a la casa. Toqué más fuerte y grité pero nadie me escuchó. Sentí que, si no tomaba una decisión, estaría ahí fuera toda la noche. Empezaba a sentir miedo.

Finalmente dije en voz alta, "No quiero a ninguno. Ni siquiera los conozco. Están siendo muy insistentes. ¡Voy a elegir a alguien que está sentado en algún lugar allá arriba y que hace mucho tiempo que desistió de tener otra oportunidad de vivir en la tierra".

En ese instante volvieron los ruidos de la noche. Caminé hacia la puerta principal y estaba entreabierta, como la había dejado. A la mañana siguiente nadie dijo que se hubiera levantado, cerrado la puerta con llave y después haberla abierto de nuevo.

Luces de pureza y gozo
Por Jonathan Robinson

Hace varios años me fui con unos amigos al desierto Anza-Borrego, a unos 160 kilómetros al este de San Diego. La idea era quedarnos varios días caminando y meditando. Después de un día de caminata encontramos un lugar remoto y empezamos a montar el campamento para pasar la noche.

Mi maestro espiritual me dijo que los seres angélicos a veces visitaban este lugar y que algunas veces se sentían atraídos por la música. A un amigo y a mí nos dio flautas de madera, aunque ninguno sabía tocar. Nos dijo que nos fuéramos a otro lugar y preparáramos una canción para tocarla juntos.

Nos concentramos mucho en intentar tocar las flautas. Aproximadamente una hora después, nos pareció que el aire comenzaba a vibrar a nuestro alrededor. Ambos volteamos hacia arriba y vimos que nos rodeaban cinco bolas de luz. Las luces eran de diferentes colores y tamaños, desde medio metro hasta siete metros de diámetro. Primero pensé que estaba alucinando pero entonces vi que mi amigo señalaba las mismas bolas de luz que yo veía. Estábamos asombrados.

Las bolas de luz empezaron a hacer ruidos como de niños, como jugando con nosotros, y a rebotar alrededor de nuestras cabezas. Parecía que emanaban una vibración de pureza, de inocencia y sana diversión.

Luces blancas y una recuperación milagrosa
Por Donna DeRuvo

Mi hijo Joseph, de siete años, estaba muy enfermo. Obviamente, estaba muy preocupada por su recuperación y de que esta enfermedad le dejara secuelas si las medicinas no funcionaban. Rezaba todos los días, le pedía a Dios que mandara a todos los ángeles que pudiera para curarlo y protegerlo. Rezaba para que el Arcángel Rafael rodeara a Joseph con su luz verde de sanación. Rezaba en la mañana, a mediodía, en la tarde y en la noche, trataba de no dudar, en especial cuando veía al cuerpecito de mi hijo dormido en mi cama.

Un día, Joey me pidió que me acostara con él, dijo que se sentía peor que nunca. Lloraba de dolor y yo lloraba de miedo. Una vez más, empecé a rezar, más fuerte que nunca. Al cerrar los ojos vi pequeñas luces blancas en la oscuridad. Pensé que era algo que tenía en los ojos o que estaba viendo cosas. Abrí los ojos pero seguía viendo esas luces. No puedo describirlas, pero eran hermosas. Seguí mirando sin entender lo que veía. Y así de repente como aparecieron, desaparecieron. Al día siguiente, Joey despertó sintiéndose mucho mejor. Se recuperó rápidamente y no tuvo secuelas. Le agradezco a los ángeles y a Dios.

Iluminación
Por Lisa Crofts

El 8 de diciembre de 1994, a las 7:50 p. m. iba de camino a visitar a una amiga que hacía años que no veía. Yo tenía 23 años. Una semana antes compré una calcomanía para la defensa muy linda que todavía no ponía en el coche. Decía: "PRECAUCIÓN: ¡JAMÁS MANEJES MÁS RÁPIDO DE LO QUE TUS ÁNGELES PUEDAN VOLAR!". Esas palabras se me quedaron tan grabadas en la mente que rebasé el límite de velocidad por solo diez kilómetros por hora.

Al acercarme a la cima de una colina, pasó un vehículo oscuro en dirección contraria. Cuando miré hacia delante de mí, había una enorme nube de polvo. Y entonces vi algo que jamás voy a olvidar: ¡un coche venía directo hacia mí! Pensé: *¡Ay Dios, me voy a morir!*

En el instante justo antes del impacto, el otro coche se iluminó con una hermosa luz blanca y tuve un momento de claridad. Sabía que no me moriría pero la persona del otro coche quizá sí y que yo iba a sentir mucho dolor. El otro coche explotó por el impacto. Me pegó fuerte y, afortunadamente, traía el cinturón de seguridad y tenía bolsas de aire.

Había restos ardiendo por todos lados, me salí a gatas del coche por el lado del copiloto. Vi que había gente atrapada en el otro coche. ¡Tenía que ayudarles! Pude dar unos cuantos pasos antes de que mis piernas no respondieran. Después supe que me había roto un tobillo.

Sin poder hacer nada, vi que alguien que pasaba por ahí trataba en vano de ayudar al joven conductor, pero murió por las llamas. Tenía solo 24 años. Después supe que estuvo rebasando a muchos coches y, al querer rebasar al último, empezaron a competir porque el vehículo oscuro tenía esa actitud de "A mí nadie me rebasa". Ahí fue cuando entré en escena y mi vida cambió para siempre.

Me tardé en entender la visión de la luz blanca hasta que no hablé con la mujer que me vendió la calcomanía para la defensa. Me dijo que la luz blanca era mi ángel ayudándome a salir del problema. Qué hermoso pensamiento para reflexionar. No es que no creyera en los ángeles, ¡pero no me había pasado nada parecido en la vida! Ahora sé que mi visión me ayudó más de lo que jamás podré entender y estaré siempre agradecida por la ayuda de mis ángeles.

Los ángeles me escoltaron
Por Elaine M. Elkins

Mi esposo y yo íbamos en avión a Reno, Nevada. Me dan tanto miedo los aviones que siempre me tomo una pastilla para relajarme en el vuelo. Pero, en el vuelo hacia Reno se me había olvidado llevarme una pastilla. El avión se movía cada vez más. Sentía que el avión perdía altura y volvía a subir. El piloto se disculpó por la turbulencia y dijo que estaba intentando volar a diferentes alturas, pero que nada funcionaba. Ordenó a la tripulación que se sentara y se abrochara los cinturones.

Le dije a mi esposo que estaba aterrada y que pensaba que nos íbamos a morir. Él era la personificación de la tranquilidad. Yo estaba segura de que el avión se iba a estrellar. Nunca había vivido nada así y estaba muy enojada por no acordarme de la pastilla. Mi esposo me dio un libro para que dejara de pensar en el vuelo, pero me pregunté cómo alguien sería capaz de leer en una situación así. Me dijo: "De verdad, te hace falta leer este libro, te va a ayudar", y me pasó un ejemplar de *Terapia con ángeles.*

Leí que Rafael viene a ti cuando viajas y que te ayuda a llegar a salvo a tu destino. Así que, en silencio, le dije al Arcángel, *Estoy muerta de miedo. Por favor, ven a ayudar a que este avión aterrice a salvo.* De todas maneras, yo solo sentía miedo. Después leí que puedes llamar a miles de ángeles y acuden. Así que recé en silencio, *De verdad, tengo mucho miedo. Quiero regresar a mi casa con mis hijos. Mi hija me necesita. Necesito mil ángeles ahora. Necesito saber que están aquí.*

Me quedé mirando por la ventana y, de repente, vi pequeños puntitos de luz. Primero pensé que era la luz que ves con la visión periférica. Fijé la vista y seguí mirando. Vi patrones definidos de luz que explotaban y caían como fuegos artificiales pero caían a la parte inferior de la ventana y formaban otra explosión.

También vi que las lucecitas formaban un círculo y giraban. Estuve viéndolas mucho tiempo. Mi esposo me preguntó qué estaba haciendo. Sonreí y le contesté: "Estoy viendo a los ángeles". Y sentí que íbamos a estar bien. Durante el resto del vuelo los vi jugar y supe que el avión iba a llegar a salvo. Y llegó a salvo, gracias a Rafael y a su grupo de ángeles.

Lo pasamos muy bien en Reno con unos amigos. En el vuelo de regreso estuve mirando por la ventana. Fue un vuelo maravilloso —sin turbulencia—. Supe que esta vez no vi las luces porque me sentía segura y sabía que pronto estaríamos en casa. Los ángeles estaban ahí y son maravillosos.

Ángeles del vapor
Por Stephanie Gunning

Hacía poco que había aprendido una nueva técnica para rezar y, puesto que siempre estoy experimentando, quería probar su efectividad. No soy una persona escéptica espiritualmente, es solo que me entusiasmé. Me dijeron que hay cuatro pasos importantes al rezar:

1. Encontrar un santuario.
2. Inhalar profundamente.

3. Admitir tu vulnerabilidad.
4. Decir lo que necesitas o quieres como si tu oración ya hubiera sido escuchada.

La mañana siguiente fui a hacer ejercicio al gimnasio y me metí al vapor. Acostada boca arriba sobre una toalla, sola y desnuda en el cuarto de vapor, me acordé de la lista de los pasos para rezar que me habían enseñado. *Bueno, este lugar es un buen santuario*, pensé. Y, por supuesto, estaba en una situación vulnerable. Además, si rezaba en la oscuridad, nadie que entrara al vapor se daría cuenta de lo que estaba haciendo y, al estar sola, podía hacerlo en voz alta para estar extra segura de que estaba "haciéndolo bien".

Decidí rezar y pedir que mi alma gemela me encontrara. Había coqueteado con la idea de encontrar una relación similar a la que tenían dos amigos, pero mi objetivo se hizo pedazos cuando se divorciaron y el esposo se suicidó. Desde entonces, me parecía que las almas gemelas no existen.

Primero, inhalé profundamente y admití mi vulnerabilidad. "Dios y Madre Divina", recé, "aquí estoy. Soy una mujer que está sola en el mundo. Hay muchas razones para ello". Y mencioné las razones. Añadí: "Algunas veces me siento muy sola". Expliqué que había perdido mi ideal de matrimonio y recé para que hubiera paz por la pérdida de mi amigo que se quitó la vida. Seguí rezando con muchos detalles, no dejé nada de lado.

De repente, en la oscuridad, pude sentir un cambio en el ambiente. Estaba tan concentrada en rezar y respirar y en ser sincera, que entré a un estado de mucha concentración. A través de las nubes de vapor, con los ojos cerrados, vi un espiral palpitante, de color rojo oscuro, que me envolvía. No tenía miedo, me sentía consolada. Empecé a llorar. Luego hubo rayos de verde brillante que perforaban el campo de energía que se movía a mi alrededor, y nieblas espirales de color púrpura.

De manera intuitiva, supe que cada luz era un ser independiente, y fue muy gratificante que vinieran a estar conmigo durante este momento de necesidad y vulnerabilidad. Me sentí tan conectada al Divino y supe con certeza que la luz era un amigo que vino a reconfortarme. Sentí que los ángeles del cielo me amaban totalmente.

Una vez conectada seguí mi oración, la cual se volvió un decreto de agradecimiento por mi alma gemela que sé que me encontrará. Lo creo.

Desde ese día, jamás me he vuelto a sentir sola, ni ansiosa por el futuro o por encontrar el amor. Miro a las personas a los ojos para ver su alma y establecer una conexión real. Cuando llegue mi alma gemela, en el momento que sea —incluso si no logramos coincidir— está bien. Como me ayudaron a entender mis ángeles del vapor, el amor está por todos lados.

Salvada por la luz
Por Mili Ponesse

Iba en el coche a casa después del trabajo. Tenía dieciséis años y acababa de sacar el permiso para manejar. Me paré en un alto. Tenía prisa y esperé impaciente a que el semáforo se pusiera verde para arrancar rápido.

De repente, dejé de fijarme en el semáforo. De la nada, vi una luz brillante, similar al resplandor del sol, a un lado de la calle. Me quedé ahí, encantada por la luz, como si estuviera soñando despierta pero no pensaba en nada. Estaba sorprendida y el conductor del coche de atrás tocó el claxon. El semáforo ya estaba en siga y yo no me había dado cuenta.

Sin embargo, antes de que pudiera reaccionar, un camión rojo se atravesó por mi camino sin pararse, se pasó el alto a 110 kilómetros por hora. Si hubiera arrancado en cuanto el semáforo se puso verde, ese camión me habría chocado y el accidente hubiera sido grave.

Sé que un ángel advirtió el peligro en el que estaba y me distrajo con la luz brillante para evitar que cruzara la calle. Sé que era un ángel por el bienestar y la calidez que sentí durante el resto de mi "lento" camino a mi casa.

Guardián en la carretera
Por Douglas Lockhart

Mi esposa y yo éramos choferes de tráiler. Una noche íbamos por la frontera entre Arizona y Nuevo México. Mi esposa estaba recostada en el compartimiento para descansar y yo manejaba. Eran alrededor de las 3 de la mañana y estaba muy cansado, pero no tenía tiempo para pararme y dormir pues el trabajo exigía que lleváramos la carga del punto A al B.

Seguí manejando y no sé si me quedé dormido, pero lo siguiente que recuerdo fue una gran bola de luz blanca que venía desde el cielo oscuro y me atravesaba. El cabello se me movió hacia atrás y en un instante me sentí fresco, como si hubiera dormido durante horas. Fue lo más sorprendente que me ha pasado jamás.

La luz del amor y la sabiduría de mi madre
Por Judith Mitchell

Mi mamá murió de forma inesperada cuando yo tenía 41 años. El dolor y la pérdida me rebasaron. Su muerte hizo que me diera cuenta de que no estaba segura de mis creencias espirituales y de que no me gustaba la sensación de soledad. Una noche, mientras intentaba dormir, mi madre me visitó en forma de una bola de luz roja. ¡Sabía que era ella!

Puse la mano en la luz. Me sentí inundada por una sensación de amor. Me hizo darme cuenta de que nunca estoy sola y de que me amaba y que siempre estaba conmigo. Mamá también me dijo que el amor y el ciclo de la vida son muy importantes, que todo el tiempo hay muchos espíritus a mi alrededor y que la vida sigue. Sobre todo, me ayudó a entender que ella estaba bien y feliz.

Mi mamá fue educada en la religión católica, así que mucha gente preguntó: "¿Fue salvada?". Pues mamá me dijo que todos somos salvados. Que no es un problema. Me ayudó a ver que hay muchos caminos que conducen al mismo lugar. Siempre he luchado contra mi don de ver y saber y ahora, estoy tan agradecida por la certeza de que no estoy sola, de que la vida sigue y de que los cambios son positivos. La visita de mi madre me transformó la vida para bien y me puso en un camino espiritual superior. Sé que puedo hablarle en cualquier momento y que está siempre conmigo.

Ya no siento el dolor de extrañarla porque sé que está conmigo siempre. Mi forma de ver la vida mejoró y estoy abierta a recibir la ayuda que está para mí cuando la necesite. El amor siempre está ahí. Estoy muy agradecida por el maravilloso atisbo que me regalaron de la vida después de la muerte.

Agradezco a Dios por ello.

"¡Gracias, Rafael!"
Por Sue Barrie

Tengo 47 años, soy madre de tres chicos y ¡acabo de pasar los peores tres años de mi vida! Creo con firmeza que los ángeles que me rodean me guiaron, me cargaron, me consolaron y me sanaron.

Hace tres años, mi esposo y yo nos divorciamos, me cambié de casa y mis dos hijos mayores se mudaron. Durante esa época estresante, me refugié cada vez más en la ayuda espiritual. Siempre he creído en que tenemos ángeles de la guarda. En dos ocasiones en las que sentí que ya no podía más, sentí que una mano muy cariñosa me tocaba la mejilla y en otra ocasión sentí que alguien me acariciaba la cabeza con mucha suavidad.

Unos meses después, descubrí un bulto en el pecho. Mi instinto me dijo que era cáncer pero, por alguna razón, me sentí tranquila y sabía que iba a vencerlo. Cada noche pedía a mis ángeles que sanara y me dieran fuerza y, cada día, despertaba con certeza.

La mastectomía estuvo bien y me fui a mi casa dos días después de la cirugía. Casi no tomé analgésicos, pues siempre le rezaba al Arcángel Rafael, y en dos ocasiones me visitó y me dio consuelo.

La primera noche desperté con un poco de malestar, me sentía sola y sentí lástima por mí misma. Pero, al moverme sentí unos brazos alrededor de la parte superior de las piernas, como si alguien estuviera abrazándome para consolarme. Me volví a dormir de inmediato.

La noche siguiente, no lograba encontrar una posición cómoda para dormir. Acababa de terminar mi oración de sanación cuando percibí el olor característico del aceite de coco. Después escuché un ruido en mi cuarto, en la esquina a mi derecha.

Volteé y ¡me llevé una gran sorpresa! En el techo, sobre mí, había docenas de lucecitas que titilaban, como luciérnagas chiquitas. Se movían y brillaban justo sobre mí. Estaba maravillada y entusiasmada porque sabía que eran mis ángeles que me habían visitado y ¡que estaba empezando mi sanación espiritual y física!

Me siento tan llena de amor y de gozo, y veo la belleza en todo. Estoy tan feliz que, siempre que puedo, le cuento a la gente de este enorme poder y amor. Los resultados de las biopsias aseguran que ya no tengo cáncer y me siento feliz.

Capítulo 14

Señales del cielo

La pequeña cruz
Por Tuihana Marsh

Hace unos meses fui a recoger a mi hija a casa de una amiga después de la escuela, lo cual era una rutina normal. Cuando me subí a la entrada del garaje de la casa, mi hija salió corriendo y se metió a la camioneta. Le pregunté por el perrito nuevo de su amiga y le pedí que lo trajera para verlo. Me dijo que no dejaban que el perro saliera porque estaba mojado, que yo tenía que entrar a verlo.

Dudé... tuve una sensación extraña pero no logré ubicarla. Al final, me bajé de la camioneta y toqué la puerta. Mientras estaba de espaldas a la calle, la camioneta empezó a irse para abajo por la entrada, que era una rampa. Al llegar a la calle, le pegó a otro coche. Mientras yo corría hacia ella, cruzó la calle hasta la otra acera y golpeó un letrero y lo partió en dos. Por fin se detuvo después de rodar hacia la calle con tráfico. (La situación no podía ser peor pues era hora pico, en una avenida y estaba lloviendo).

Lo más peligroso de todo este asunto es que los coches veían hacia el lado del copiloto, donde mi hija estaba sentada. Durante todo ese tiempo, mi niña estaba paralizada mientras el coche se alejaba, no sabía qué hacer.

Todos los coches dieron un volantazo o se detuvieron... ¡y nadie salió herido! Cuando terminó todo el drama con el dueño del coche, finalmente nos fuimos. Al regresar a la camioneta vimos una pequeña cruz junto a la palanca de velocidades. Las demás cosas que estaban en la camioneta quedaron en la parte trasera o se cayeron debajo de los asientos... pero esa cruz estaba bien puesta, como si alguien la hubiera dejado ahí a propósito.

La noche anterior estuve hojeando un libro de Doreen (creo que era *My Guardian Angel*) y leí un par de historias sobre los ángeles de los coches y de cómo hay que pedir protección antes de subirse a un coche. En la mañana estuve acordándome de lo que había leído, y tuve la intención de pedirle a los ángeles que cuidaran a mi niña mientras estaba en la escuela, pero me distraje y al final no lo hice.

Cuando sucedió el accidente estaba furiosa conmigo misma. Debía haber puesto atención en las historias que leí la noche anterior, a mi necesidad de pedir protección en la mañana y en la sensación extraña que tuve antes de bajarme de la camioneta... pero no hice caso.

Nunca conté nada de esto a mi hija. Estuve muy ocupada culpándome por haber sido tan descuidada —debería haberle explicado antes cómo poner el freno de mano, cómo pisar el pedal del freno o mover el volante—. Solo pensaba: *Esto no habría pasado si me hubiera tomado el tiempo para pedir protección para mi hija.*

Estaba con mis pensamientos cuando apareció mi hija: "¡Sé que estoy viva solo porque los ángeles estaban cuidándome!".

Tenía razón. Estuve muy ocupada culpándome como para darme cuenta de que todo estaba bien y que sí, los ángeles cuidaron a mi niña. Ambas sentimos que la pequeña cruz estaba diciéndonoslo muy claramente.

Esa fue mi experiencia con los ángeles que salvaron a mi hija, el amor de mi vida, ¡y de paso me enseñaron una o dos cosas!

Un ángel que descendió de las nubes

Por Susan Moore

Mi abuela estaba en el hospital para que la operaran del corazón, tenía el 50 por ciento de probabilidades de sobrevivir. Después de la cirugía no despertó de la anestesia, estuvo dos semanas en coma. Mi casa quedaba a 90 minutos del hospital e iba cada tercer día a visitarla con mi mamá. Un día en particular, no quise hacer el largo viaje al hospital, así que me quedé en la casa. Me horroricé cuando supe que mi abuela murió a las 5 a. m. del día siguiente. Fue algo que me molestó mucho porque no pude verla en sus últimos momentos.

Esa tarde entré a la cocina a oscuras, miré por la puerta trasera. Dije en voz alta, "¿Por qué me dejaste? No pude despedirme de ti ni darte un beso". Empecé a llorar otra vez cuando algo llamó mi atención.

Vi que una nube en forma de embudo bajaba desde el cielo. Parecía como un tornado que venía hacia mí. Entonces, el embudo empezó a cambiar de forma y me quedé fascinada viendo que se convirtió en una mujer hermosa. Tenía el cabello largo y blanco, traía un largo vestido blanco y una especie de cuerda amarrada en la cintura.

Abrió los brazos y comenzó a flotar hacia mí. Estaba suspendida a metro y medio del suelo y medía casi dos metros. Cuando levantó los brazos, las largas mangas colgaban y aleteaban con el aire. Cuando estuvo cerca de mí, ¡volvió a elevarse! Me quedé pasmada y corrí a llamar a mi esposo para que lo viera. Sabía que nadie me creería y quería que él también viera esta maravilla.

Para cuando vino a ver, ya se había ido y solo quedaba una niebla espesa a unos 30 centímetros del suelo. Volteamos a ver la casa de los vecinos y mi jardín era el único que tenía niebla. Creo en que era un ángel que vino a decirme que mi abuela estaba bien y en un lugar mejor. Me pregunto qué habría pasado si me hubiera quedado a verlo en lugar de correr. Han pasado cinco años y todavía puedo ver la imagen en mi cabeza como si hubiera sido ayer.

El ángel con el cabello púrpura
Por Leanne Hernández

Mi abuela murió en 1998, poco antes de que mi hija cumpliera cinco años. Cuando era joven, mi abuela era un poco excéntrica —incluso llegó a pintarse el cabello de color lavanda y lo tuvo así varios años.

Estaba fuera de la ciudad por trabajo, así que mi madre me ayudó a preparar el cumpleaños de mi hija, ordenó un pastel con un ángel de cabello oscuro. Cuando fue a recogerlo se sorprendió al ver que el pastelero usó merengue color lavanda para hacer el cabello del ángel. Mi mamá preguntó: "¿Quién ha visto que un ángel tenga el cabello púrpura?". Supe que era la forma en que mi abuela estaba diciéndonos que estaba en el cielo y que estaba con nosotros en espíritu para celebrar ese día tan especial.

Sanos y salvos
Por Suzanne Chaney

Mi esposo y yo rentamos un coche pequeño para ir de Kentucky a Nueva York. La primera parte del viaje estuvo muy bien, con unos paisajes muy bonitos. Pero, conforme nos acercamos a la cima de los Apalaches, el cielo se ponía cada vez más oscuro. Al poco tiempo empezó a nevar y la carretera estaba resbalosa. Íbamos muy despacio pero los camiones grandes nos rebasaban y el viento que dejaban nos empujaba. Los lados de la carretera tenían señales de no detenerse, así que seguimos adelante lo mejor que pudimos. Teníamos mucho miedo.

Entonces recé para que Dios nos enviara ángeles que nos ayudaran en el camino, que bendijera a los demás conductores para que fueran precavidos y que nos protegiera del peligro. En cuanto terminé de rezar, levanté la cabeza y vi las nubes de tormenta por la ventana.

En medio de las nubes oscuras había una nube blanca y brillante con forma de la cara de un ángel. También tenía alas que resplandecían. El sol se asomaba por la orilla de esta nube y la hacía brillar todavía más, tenía rayos de luz que salían por los lados. Se me llenaron los ojos de lágrimas y supe que mi oración había sido escuchada.

Seguimos manejando dos horas por caminos resbalosos pero todo fue completamente diferente. El viento que producían los camiones ya no movía nuestro coche. Durante esas dos horas seguí viendo ángeles en las nubes, pero ninguna fue tan brillante como la primera.

Parecía que las nubes eran una señal de los ángeles que nos decían: "Seguimos con ustedes". Ya no tuve miedo. Varias horas después llegamos a salvo a Nueva York y, a pesar del largo viaje, me sentía llena de energía y ligera, como si todo estuviera bien.

¡Fue un regalo maravilloso!

La nube reconfortante
Por Rebecca Powers

Mi papá tenía cáncer. El final estaba cerca y lo teníamos en la casa, cómodo y sin dolor. Estaba en coma pero sabía que él estaba consciente de que estábamos con él. Me costaba mucho trabajo lidiar con el asunto de la muerte y tenía miedo por él —de lo que estaba sintiendo y por lo que iba a pasar—. Quería estar segura de que él iba a estar bien y no estaría solo, pero necesitaba una respuesta, una señal. No recibí ninguna y tenía miedo.

Era una noche de octubre y mi familia y yo estábamos esperando —rezando— a que llegara el final. Salí a la puerta principal a tomar aire. Me senté y recé, "Por favor, por favor, dame una señal, la que sea, para saber que va a estar bien".

En ese momento miré al cielo; la puesta de sol era hermosa, y vi un ángel —tan claro como el día. Era una nube hermosa— un ángel hermoso. Ahí estaba mi respuesta.

Entré corriendo, fui por mi mamá y agarré la cámara. Las dos nos pusimos a llorar. Tomé una foto del ángel y desapareció. Mi papá murió diez minutos después. El ángel había venido a llevárselo a casa. En ese momento supe, supe de verdad que él estaba bien. Mi papá no estaba solo y estaba con ese ángel hermoso de camino a casa. Tengo la foto del ángel y se la envío a cualquiera que no cree. Yo creo. Y siempre voy a creer.

Feliz en el cielo
Por Helen

El 14 de agosto de 1999, murió mi hijo de 24 años. Lo extrañábamos terriblemente pues vivía con nosotros cuando estaba en la universidad. Pensaba en mi hijo casi todo el tiempo todos los días, aunque seguía con mis actividades normales.

Una tarde, poco después del Día de Acción de Gracias, estaba sola en la casa y me sentía muy mal. Fui hacia la ventana puesto que la urna con las cenizas de mi hijo estaba puesta en el marco de la ventana. (Pronto íbamos a esparcir sus cenizas en el mar). En cuanto toqué la urna con los dedos, extrañándolo y hablándole mientras lloraba, vi que la luna estaba muy abajo y muy brillante.

De repente vi que apareció una nube y, durante el poco tiempo que llevaba parada frente a la ventana, se formó la figura de un ángel, con alas redondas a cada lado de un delicado cuerpo con una túnica holgada y debajo de la túnica había unas nubes con forma de pies. Fue una señal muy reconfortante para mí y me sentí en paz. Sentí que mi hijo, que quizá me percibió, intentaba decirme que está con los ángeles y que están cuidándolo en el cielo.

Una señal del tío Frank

Por Angie Chiste

Mi tío Frank murió en 1984 y mi hijo nació en 1991. Mi hijo estaba fascinado con su tío abuelo muerto. Cuando tenía cuatro años, me decía que el tío Frank jugaba con él en el parque de la guardería, lo empujaba en el columpio y platicaba con él.

Decidí hacer una pequeña prueba. Nunca había visto una foto del tío Frank. Primero le enseñé fotos de mis otros tíos y después una del tío Frank, ¡y mi hijo supo exactamente cuál era! Pensé que seguramente tenía un vínculo especial con él.

Cuando mi hijo entró a primero, en 1996, todos los días pasábamos por el cementerio de camino a la escuela. Siempre me hacía preguntas sobre el tío Frank y un día me dijo que quería visitar su tumba. Le pregunté a mi mamá dónde estaba enterrado y solo supo decirme en qué área del cementerio estaba.

Un día recogí a mi hijo y nos fuimos al cementerio. Pasamos entre muchas lápidas buscando a mi tío. Era un frío día de otoño. Después de 45 minutos de buscar, mi hijo empezó a quejarse, tenía hambre. Y yo estaba perdiendo la paciencia. Los dos estábamos cansados y de malas. Finalmente, miré al cielo y dije, "Perdón, tío Frank, no puedo encontrarte. Regresaremos otro día".

Justo en ese momento, una corriente de aire levantó las hojas que había detrás de mí. En cuanto volteé, el viento se detuvo. Bajé la mirada y ahí estaba la tumba de mi tío. ¡Justo frente a mis pies!

El mensaje de los pétalos de rosa
Por Bonnie Suzanne Koester

Era un tiempo difícil en el colegio donde trabajaba. Había mucha política entre los empleados, incluyendo a mi jefe, y las cosas se pusieron tan mal que pensé en renunciar. Recé para que me guiaran.

Como todos los días, una mañana fui a comprar mi desayuno a la tienda que estaba junto a la escuela. Ese día en particular había unos pétalos de rosa sobre el pasto que separaba la escuela de la tienda. Recogí uno y sonreí, pregunté para mí: "¿Es de parte de mis ángeles?". Pero decidí que alguien había aventado los pétalos. Me llevé uno a mi oficina y lo puse en la base de mi lámpara.

Al entrar a la mañana siguiente vi que el pétalo se había marchitado. Fui a la tienda y en el mismo lugar, sobre el pasto, había pétalos de rosa de color rosa. No había rastro de los rojos. Arrugué la frente y pensé: *¿Y cómo es que no vi estos ayer y quién está dejándolos aquí? Y, ¿por qué alguien dejaría pétalos de rosas en el piso?* Hice mi mejor esfuerzo para encontrar una explicación lógica.

Recogí uno de los pétalos rosas y de regreso a mi oficina, al pasar por el estacionamiento, percibí un aroma a rosas tan profundo que me sorprendió. Pensé, un solo pétalo no huele tan fuerte. Me llevé la mano a la nariz para olerlo. No olí más que el aroma en mi mano. La aparté ¡y volví a percibir ese fuerte olor a las rosas!

En Pasadena, Texas, donde vivo y trabajo, hay refinerías de aceite. Y el aire jamás huele a rosas. Supe, con toda certeza, que eran señales de mis ángeles.

Me llevé el pétalo y lo puse al lado del marchito de color rojo. Al día siguiente, el de color rosa también se había marchitado. Volví al lugar... y encontré pétalos de color rojo y rosa, y estaban frescos. Sonriendo, dije: "Está bien, está bien, voy a meditarlo. Voy a quedarme aquí un poco más. Gracias. ¡Son una maravilla, chicos!".

Los ángeles tenían razón —ahora tengo un nuevo puesto en la escuela y gano casi el doble—. Y todavía guardo los pétalos.

Una señal de protección
Por Micci DeBonis

Mi mamá, Katherine, acababa de comprarse un coche nuevo y, para que le diera buena suerte, le regalé un clip de un ángel que se ponía en la visera.

Un día, mi mamá estaba cuidando a mi hija de seis meses mientras yo trabajaba. Salieron de paseo en el coche nuevo de mamá y fueron a poner gasolina. Estaban haciendo cola en las bombas y mi hija estaba haciendo un berrinche en el asiento de atrás. Mamá volteó a ver qué pasaba y se dio cuenta de que mi hija quería su mamila, así que volteó para tomarla. En ese momento, ¡vio que un coche iba directo hacia ella! El hombre le dio al coche de mi mamá de frente y fue pérdida total. Se activó la bolsa de aire y, afortunadamente, ninguna salió herida.

Después de llenar los reportes de la policía, mi mamá volvió al coche y vio que no estaba el pin del ángel. Buscó por todo el coche hasta que lo encontró: estaba en el asiento de atrás, en la sillita de mi hija. De verdad creo que los ángeles procuraron que mi mamá y mi hija estuvieran a salvo. El policía dijo que, si mi mamá hubiera estado un poco más cerca de las bombas, el resultado no hubiera sido bueno.

Durante esa prueba había ángeles alrededor de mi mamá y mi hija, mi madre y yo les agradecemos todos los días.

Una llamada de mi ángel
Por Suzanne Goodnough

En octubre de 1999, mi esposo y yo fuimos a un seminario de Doreen en la Expo *Whole Life*, en Chicago. Durante el seminario, Doreen condujo una meditación en la que le pedimos al ángel de la guarda que estaba a nuestra izquierda que nos dijera su nombre. Después hicimos lo mismo con el ángel de la derecha. Doreen nos dijo que no juzgáramos lo que oyéramos y que no dejáramos que nuestro ego interviniera.

Doreen nos dijo que si no creíamos en lo que escuchábamos, le pidiéramos una señal de confirmación al ángel y viéramos qué pasaba. Al final del seminario, le pregunté a mi esposo si le habían dicho algún nombre. Contestó: "Sí, dijeron Miguel y Philip. ¿A ti te dijeron alguno?".

"Sí", le contesté. "El ángel de la derecha dijo que su nombre era Grace". Me encantó, me pareció tan espiritual y angélico que no lo cuestioné. Pero el ángel de la izquierda me dijo que se llamaba Maurice. *Pensé, ¡Maurice! ¡Qué nombre tan tonto para un ángel!* Me recordó a Maurice Gibb, del grupo Bee Gees y me imaginé a un ángel de Fiebre del sábado por la noche, con esfera de espejos, traje blanco y la pista de colores. Pensé: *¡No puede ser! ¡No quiero un ángel de discoteca!*

Esa noche, en mis oraciones y la meditación de la noche, pedí a los ángeles que me enviaran una señal. Dije, *Por favor, mándenme una señal para saber que no inventé el nombre de Maurice.* Al día siguiente, a las 8 a. m. sonó el teléfono. No nos habíamos despertado, así que no contestamos y entró la grabadora.

Cuando escuché el mensaje, una voz de hombre dijo: "Estoy buscando a Suzanne Goodnough. Me llamo Maurice. Llámeme a este teléfono y pida que le comuniquen a esta extensión, le ayudaré con su problema y lo arreglaremos en cuestión de minutos. Espero su llamada". Guardé el mensaje para que mi esposo lo oyera.

Le dije a mi esposo: "De todos los nombres de hombre que hay, ¿puedes creer que este hombre se llama Maurice?". Llamé al número poco después y pedí que me comunicaran a la extensión que el hombre dejó en el mensaje. Contestó una mujer. Le dije mi nombre y que quería hablar con Maurice.

Contestó: "Lo siento, no sé con quién habrá hablado, pero aquí no trabaja nadie que se llame Maurice". Después de eso supe que el nombre de mi ángel es Maurice.

(**Nota de la autora**: *Iba en el tren Eurostar cuando estaba editando esta historia y, una vez que pude terminarla, ¡logré ver dos veces el nombre de Maurice en el espectacular de un edificio!*).

UNA SEÑAL DE LA VIRGEN
Por Antoinette Voll

Mi mamá, de 66 años, tenía problemas para respirar cada vez que subía escaleras o una colina. Y cada vez le costaba más trabajo. Desde que mi papá murió, dieciocho meses antes, todos estábamos muy sensibles. Finalmente, le hicieron pruebas y resulta que tenía dos arterias bloqueadas. El médico de la familia refirió a mamá a un hospital donde le iban a hacer una exploración para ver el alcance del bloqueo.

Una semana antes de la cita de mi mamá empecé a rezar fervientemente a la Virgen. Le hablaba a su imagen y le pedía que hiciera que los bloqueos desaparecieran o que, por favor, me diera fuerza para enfrentar la crisis. La mañana que mi mamá fue al hospital, su hermana se quedó conmigo y rezamos juntas.

Cuando el procedimiento terminó, el doctor le preguntó a mi mamá por qué se había hecho la prueba. El resultado aseguraba que sus arterias estaban en perfectas condiciones y que no había bloqueos. Le pedí que le preguntara al médico familiar. Cuando este llegó y hablaron, ambos se veían consternados. No había ninguna respuesta lógica.

Los asistentes que llevaban a mi mamá en silla de ruedas al pabellón, se dieron cuenta de que las camas estaban ocupadas y la pusieron en la estación de enfermeros. La dejaron cerca de la ventana y justo sobre ella estaba la misma imagen de la Virgen a la que le recé toda la semana. ¡Qué efectivos son los espíritus! Fue una sensación increíble. ¡Fuimos testigos de un verdadero milagro y la Virgen me mostró su imagen para decirme que nos había ayudado!

Daniel
Por Charmaine Jabr

Mi hermano Daniel murió a los 44 de una enfermedad renal. Durante toda su vida adulta abusó de las drogas y el alcohol y, como resultado, cometió unos terribles errores que afectaron a mucha gente. Yo lo amaba de todas maneras y siempre me pregunté qué pasó con su alma cuando murió.

Pronto iba a ser su cumpleaños y la canción "Daniel" de Elton John sonaba en la radio del coche. Oír el nombre de mi hermano en la canción me hizo llorar. Le pedí a Dios que me mandara una señal que me dijera qué pasó con el alma de Daniel.

Justo entonces, una camioneta *pickup* se puso delante de mí y estaba pintada con un hermoso mural. Del lado izquierdo de la puerta trasera había una escena oscura y sombría, como una tormenta; del lado derecho se veía a Jesús flotando entre las nubes hacia el cielo. En el marco de la placa decía: JESÚS GANÓ.

Desde ese día desapareció el enorme dolor que sentí por la muerte de mi hermano. Tuvo una infancia tan llena de dolor que, desde el principio, todos los pronósticos eran desfavorables. Sufrió mucho en la vida, pero tenía una presencia de ánimo y un encanto que solo podía estar en un lugar mejor. Ahora estoy seguro.

ÁNGEL SANADOR
Por Lily Alexandrovitch

El 21 de febrero de 1996, mi prima Cindy, Michael —su esposo—, mi hermano y yo fuimos a la fábrica de chocolates *Ethel M*, en Las Vegas, Nevada. Había estado lloviendo todo el día y, cuando entramos a la fábrica, seguía lloviznando. Después de comprar chocolates, los tres quisieron dar un paseo por los jardines y yo me fui al coche porque fuera hacía frío. Ya se habían ido los demás coches y los autobuses de turistas. Había dejado de llover aunque el cielo seguía encapotado y las nubes eran oscuras. Sentada en el asiento trasero, miré por la ventana de la derecha y vi una cordillera majestuosa que iba desde atrás del edificio a la izquierda hasta detrás de la fábrica a la derecha.

Las montañas eran de color gris oscuro y púrpura. El cielo arriba de ellas era azul claro, aunque sobre el coche, el cielo seguía cubierto por las nubes. Parecía que el sol acababa de ponerse detrás de las montañas y toda la cresta tenía un resplandor blanco sobre ella. No podía dejar de pensar que era raro y que nunca había visto nada igual. Si alguien hubiera pintado la escena, todo el mundo hubiera dicho que estaba mal. Estuve mirando a esa hermosa montaña durante 20 minutos por lo menos. Después, mis amigos regresaron al coche.

No les dije nada, solo seguí mirándola porque me tenía hechizada. Nadie abrió la boca, solo nos quedamos sentados viéndola. Entonces, Michael dijo: "Si alguien pintara una imagen de las montañas así, le dirían que no son así, es demasiado brillante como para ser realidad", —¡justo lo que había pensado!—. Todos estábamos callados, mirando. En el centro de la imagen, las montañas formaban una gran V. El cielo detrás de la V tomó un color azul pálido. Aunque no me había volteado, ahora veía dos brillantes rayos que parecía que salían de unos focos enormes detrás de la V de las montañas y hacia el cielo.

Entonces, justo en medio de los dos rayos apareció una manchita blanca. La mancha creció rápido y parecía una nube, solo que era especialmente brillante. Después, la nube empezó a cambiar de forma, primero parecía una persona y después se formaron un par de alas a los lados. Era un ángel —un enorme ángel con enormes alas—. El ángel estaba un poco volteado hacia la luz. De repente pensé que yo era la única que veía esa maravilla y, sin apartar la vista, dije: "Veo un ángel".

"Sí, parece un ángel", dijo Michael. Nos quedamos viéndolo, maravillados. Me acordé de que Cindy no era religiosa y le pregunté qué veía. Rio nerviosa y dijo: "Veo un ángel".

Unos segundos después, el ángel se encogió rápidamente, se volvió un punto y se desvaneció en el cielo azul claro donde había aparecido. ¡Fue una experiencia hermosa!

Un pequeño milagro
Por Cammi Collier

Mi esposo y yo fuimos a Sedona, Arizona, durante la semana de Navidad. Una noche salimos a caminar, la luna era brillante y reconfortante. Pero hacía frío y tenía la nariz floja. Le dije a mi esposo: "Estas cosas de ángeles funcionan cuando estoy sola. ¡Vamos a ver si también funcionan contigo!".

Recé para encontrar un pañuelo desechable para limpiarme la nariz. Sé que ninguna petición les parece trivial a los ángeles. En ese momento escuché que los ángeles me decían que mirara hacia la luz a la derecha del camino. Como era de esperarse, como a metro y medio de nosotros había dos kleenex limpios. Aunque creo en los milagros, me estremezco cuando soy testigo de uno. Los kleenex estaban nuevos, eran gruesos y olían a perfume.

Les agradecí a los ángeles por su amor y su generosidad. ¡Es reconfortante saber que también cuidan narices flojas!

Una señal abundante
Por Elles Taddeo

Hace varios años, mi esposo tuvo síntomas físicos que nos preocuparon mucho y temíamos que se tratara de una situación grave. Hizo una cita con el doctor para que le hicieran unas pruebas. Un día, estaba en el parque con mi hijo y me sentí especialmente preocupada por la salud de mi esposo. Le pedí a mi ángel de la guarda que me dijera que todo iba a salir bien.

Le dije a los ángeles: "Por favor, que me encuentre un trébol de cuatro hojas como señal de que mi esposo está bien". Me senté en el pasto con mi hijo, miré hacia abajo y ¡ahí estaba el trébol de cuatro hojas! Contenta, lo corté y se lo enseñé a mi hijo. Después volví a mirar al mismo lugar y vi otro trébol de cuatro hojas. Encantada, lo corté y pensé que era algo inusual. Señalé el lugar donde estaban para que mi hijo lo viera ¡y vimos otro! ¡Y después otro y otro! Del mismo pedacito de pasto corté 27 tréboles de cuatro hojas. Al día siguiente encontré cinco más en mi jardín. Los sequé y todavía los guardo.

Los ángeles deben haber pensado: *Muy bien, si quieres un trébol de cuatro hojas, ¡ahí tienes muchos tréboles!* Aunque después traté de encontrar ese sitio mágico, nunca lo encontré. Está de más decir que las pruebas de mi esposo salieron muy bien y no había nada de qué preocuparse.

Lo único que tienes que hacer es pedir
Por Reta

Fue un día muy ajetreado. Tuve una entrevista de trabajo para un puesto que sentía que era para mí, pero había obstáculos que debía vencer en el proceso. Me tomé un día libre, fui a que me dieran un masaje, regresé a casa y me preparé para la serie de entrevistas.

Esa tarde, me costó mucho trabajo relajarme. Sabía que el día siguiente sería agotador; tenía que manejar durante cuatro horas, dos citas en la mañana y después otras casi cuatro horas de camino para otra cita a última hora de la tarde para terminar con 90 minutos de regreso a casa. Cuando dejé de tratar de conciliar el sueño, decidí entrar al sitio web de Doreen.

Nunca olvidaré esa vez que entré a www.AngelTherapy.com. Leí un artículo suyo llamado "You Are Sorrounded by Angels" (Estás rodeado de ángeles). Necesitaba esa confirmación. Lo leí de nuevo y me sentí tranquila. Cuando me levanté de la computadora y pasé por la sala de camino a mi cuarto, pensé, *De alguna forma, he experimentado todas las manifestaciones de ángeles que menciona Doreen, pero no recuerdo haber encontrado plumas en lugares donde no debían estar. ¡Sería una experiencia maravillosa!*

Pronto llegó la mañana siguiente. Antes de salir de la ciudad pasé a mi oficina a escribir una nota de agradecimiento a los entrevistadores y a recoger los papeles que necesitaría ese día. Cuando salí, me sentía tan confiada que cerré la puerta sin mirar. Una escala al baño era adecuada debido a la distancia que me esperaba. Al encender la luz del baño vi que tenía algo en la falda. Me sentí contrariada pues me tardaría una hora en regresar a mi casa y cambiarme. Traté de quitar con un cepillo lo que sea que fuera... pero me detuve de repente —me di cuenta de que ieran plumas lo que veía en mi falda!

Obviamente, me sentí cuidada, amada y protegida. Ya tenía las plumas de parte de mis ángeles, y lo único que tuve que hacer fue pedir.

Segunda parte

Cómo encontrarte con tus ángeles

Capítulo 15

Ser receptivo al cielo

Todos tenemos encuentros con ángeles continuamente pero muchos no estamos conscientes de que suceden. Pueden ser sutiles, claro. En esta sección vamos a explorar cómo llevar tus conexiones con el cielo a un nivel de conciencia. Cuando estés consciente de la presencia de tus ángeles y de tus seres queridos fallecidos disfrutarás estar con ellos, lo cual te dará más beneficios.

Si quieres entrar en contacto con tus ángeles, con personas fallecidas o algún maestro ascendido, en los siguientes capítulos encontrarás métodos que te serán útiles. Son las mismas técnicas que les enseño a mis estudiantes de desarrollo síquico y que uso antes de comenzar mis conferencias. Son muy poderosas.

Muchas personas tienen sentimientos encontrados sobre contactar con seres celestiales. Por un lado, tienen muchas ganas de ver a un ángel o a un ser querido que ya murió. Pero también temen ver una imagen que les dé miedo. "¿Voy a dejar entrar a seres oscuros? ¿O la persona que amo se va a ver como fantasma?". Son preocupaciones naturales pues la gente se preocupa por perder el control o por asustarse.

Por ello, uno de mis deseos es que las historias que se relatan en este libro aumenten tu confianza en que los encuentros celestiales son experiencias positivas y felices. Ahora sabes que no verás imágenes perturbadoras cuando tus ángeles o tus seres queridos te visiten.

Es cierto que en el cielo hay seres "desagradables", pero son una pequeña minoría en comparación con los magníficos ángeles y guías que constantemente revolotean a nuestro alrededor en el plano etéreo.

Uno de los ángeles más maravillosos, el Arcángel Miguel, puede evitar que tengas un encuentro desagradable. Solo necesitas decirle mentalmente:

Arcángel Miguel, por favor, aleja a cualquiera que no sea mi ángel, mi guía o un ser que exprese la luz Divina de Dios.

Es necesario que Miguel reciba una petición explícita como la anterior debido a que la Ley de Libre Albedrío de Dios no le permite que nos ayude si no se lo pedimos.

El Arcángel Miguel es capaz de estar al mismo tiempo con todas las personas que lo invoquen, sin restricciones de tiempo ni espacio. Entonces, es buena idea pedirle que se quede de manera permanente junto a ti. Pídele que verifique a los seres de tu vida —tanto los físicos como los espirituales— para que solo te rodeen entidades buenas. Una vez que le hayas pedido ayuda a Miguel, puedes relajarte. Esta petición funciona para todos, sin importar su estilo de vida, religión o carácter. Entonces, que no te preocupe que tus peticiones sean negadas. ¡No es posible!

Es importante eliminar el miedo porque evita que tengas un encuentro celestial. La gente indecisa tiene un pie en el acelerador y el otro en el freno, al mismo tiempo, lo cual evita que avance.

Insistir

Otra cuestión que evita que las personas vean a sus ángeles y a sus seres queridos que han muerto es el miedo a fracasar. Ese miedo suele hacer que la gente insista para tener un encuentro. Tratan de forzarlo, lo cual bloquea la experiencia. Lo triste es que la gente que más ama a los ángeles ¡es a quien más trabajo le cuesta verlos!

En casi todos mis talleres veo lo siguiente: Llega una mujer amante de los ángeles acompañada de su fiel esposo. Ella trae una sudadera de ángeles, aretes de ángeles y un collar de ángeles. A él, los ángeles le dan lo mismo, solo va al taller por complacer a su esposa.

Empieza el taller y, antes de la hora de la comida, hacemos un ejercicio que ayuda a los asistentes a que vean a sus ángeles. El esposo ve ángeles y a sus seres amados fallecidos y le dice a su esposa: "¡Wow! ¡Amor, esto es maravilloso! ¡Gracias por invitarme a esta conferencia!". Pero ella no ha logrado ver a ningún ser celestial y le reprocha, "¡¿Cómo es posible que *tú* estés viendo ángeles si ni siquiera te gustan?!".

La frustración que ella siente se deriva de su creencia de que, puesto que es miembro del "club de fans" de los ángeles, se supone que tiene privilegios. Pero, la devoción de los ángeles por nosotros es igual para todos, incluyendo las personas que no creen y las que se asoman por primera vez. El principal bloqueo tiene que ver con el hecho de que tiene tantas ganas de ver a los ángeles, que lo intenta demasiado. Su esposo, con una actitud despreocupada en cuanto al cielo, está relajado y más abierto a la experiencia.

Uno de esos esposos acaba de terminar el curso que lo certifica como *Angel Therapy Practitioner* y ahora es un contacto con los ángeles de manera profesional. Aunque, en un principio, fue de los que asistió a la conferencia como "acompañante" hace unos años.

De manera que, la insistencia puede evitar que conectemos con nuestros ángeles. El miedo que nos hace forzar las cosas para que sucedan viene de sentirse solo y de la creencia de que "si va a suceder, depende de mí". Sin embargo, los encuentros con los ángeles se derivan del poder de Dios, de los ángeles, de los maestros ascendidos y de nuestros seres queridos que fallecieron. Funciona mejor una estrategia en equipo.

Vencer el miedo

Además de invocar al Arcángel Miguel, hay otras dos maneras de disminuir o eliminar los bloqueos por el miedo:

1. **El método del congelador.** Escribe tus miedos en un papel. Puedes incluir una descripción detallada de tus miedos o una oración general, como "miedo a ser síquico". Después, mete el papel al congelador. Si vives con escépticos es mejor que pongas el papel hasta atrás, donde nadie lo vea, o congélalo en un recipiente pequeño con agua. Déjalo en el congelador durante tres meses mínimo. Este método también funciona con cualquier cosa que quieras sacar de tu vida, como problemas en las relaciones, de adicciones o cuestiones de dinero.

2. **El método del sueño.** Parte del mejor trabajo de los ángeles se da cuando estamos dormidos. ¿Por qué? Pues porque nuestros miedos están dormidos en ese momento, así que estamos más abiertos a la ayuda angélica. Antes de irte a dormir pídele mentalmente al Arcángel Miguel, al Arcángel Rafael (quien se encarga de la sanación física) y al Arcángel Uriel (cuya área es la sanación emocional y sicológica) que entren a tus sueños. Diles lo siguiente:

Por favor, entren a mi sueño, a mi cuerpo, a mi mente y a mi corazón, y disipen cualquier miedo o falta de perdón que evite que tenga un encuentro consciente con ángeles.

La intención es todo

Hay una frase de los ángeles que les encanta repetir: "Tus intenciones crean tus experiencias". Significa que las expectativas que tenemos nos llevan al tipo de experiencia que nos sucede como resultado. Si tenemos expectativas positivas sobre nuestro encuentro con ángeles, tendremos resultados positivos.

Sin embargo, si tenemos intenciones negativas como: *¡Caray! Espero poder hacerlo,* o *Me da miedo ver el mundo de los espíritus,* o *¿Dios va a castigarme por hacer esto?,* entonces bloqueamos el encuentro con los ángeles. Una cosa es segura, los ángeles nos aman profundamente y no harían nada que nos asustara, como mostrarse si en realidad no queremos verlos. Es lo mismo en el caso de tus seres queridos fallecidos. Tus abuelos, tu papá, tu mamá, tus hermanos y cualquier otro ser amado interpretan tu miedo como un letrero enorme que dice ¡NO SE ACERQUE! Y, por amor, respetan ese límite.

"Tengo muchas ganas de ver a mi mamá, pero me da miedo que la tía Edna esté con ella. ¡Y yo no quiero contactar a la tía Edna", dijo Betsy, una asistente a uno de mis seminarios. Dijo que su tía era muy regañona y verbalmente abusadora. A Betsy le daba miedo que, al ver a su madre, estuviera abriendo las puertas para que se aparecieran otros parientes "indeseables" sin ser invitados. Este es otro asunto para que el Arcángel Miguel se encargue de él, pues está feliz de ser un ángel "portero". Si se lo pides, él verifica quién te visita.

Una de las razones por las cuales los niños son tan síquicos es por sus intenciones positivas. Ellos no se preocupan por si *Estoy inventando esto* o *¿Es de verdad?* Los niños saben que la realidad tiene muchos sabores. Además, confían en su intuición mucho más que la mayoría de los adultos. Y sus vidas suelen ser más simples que las de los adultos, de manera que sus mentes están menos llenas de distracciones, preocupaciones, presiones y ruidos.

Entonces, ábrete para tener un encuentro con el cielo, sé "como niño". Deshazte de las expectativas tiesas sobre la conexión con tu ángel. Ten una intención positiva como, *Me encantaría ver a mi ángel de la guarda* o *Sería maravilloso ver a mi mamá y hablar con ella*, y entrega el deseo a las alas del universo. Confía en que tus ángeles atrapan tu deseo y lo hacen realidad para ti de maneras deliciosamente sorprendentes.

Por eso es importante no indicarle a Dios cómo quieres que se dé el encuentro con tu ángel. Por ejemplo, no le dices a los ángeles: "Por favor, cepíllenme el cabello como señal de que están conmigo". Más bien, les dices: "Por favor, denme una señal de que están conmigo" y deja que ellos elijan la mejor forma de cumplir esa petición.

Nunca olvides que la "forma" en que las oraciones son escuchadas depende de Dios, no de nosotros. La creatividad infinita de la Mente Divina está llena de sorpresas felices que desafían las leyes de la Tierra, que suelen preocupar a nuestra mente humana.

De manera que es esencial tener intenciones positivas. Incluso aunque no creas completamente en los encuentros con ángeles porque nunca has vivido uno, mantén una intención positiva. Incluso aunque no estés seguro de estar calificado o ser apto para tener un encuentro con ángeles (cosa que te aseguro que sí), mantén una intención positiva. Incluso aunque quieras con todo tu corazón ver a un ángel o a un ser amado que ha muerto, mantén una intención positiva.

Las siguientes afirmaciones te ayudarán a elevar tus intenciones al nivel más positivo y optimista posible. Lee, escribe o repite estas afirmaciones siempre que puedas:

- Yo me siento seguro al abrir mis capacidades síquicas.
- Yo soy muy visual.
- Yo soy muy clarividente.
- Yo escucho la voz de Dios y de los ángeles con facilidad.
- Yo estoy abierto para ver a mis seres queridos fallecidos.
- Yo le doy la bienvenida a mis ángeles para que entren a mis sueños.
- Dios y los ángeles me aman.
- Yo siento la presencia de los ángeles a mi alrededor ahora.
- Dios y los ángeles me hablan todo el tiempo.
- Yo percibo las señales del cielo.
- Yo estoy abierto a la comunicación Divina.
- Yo confío en que Dios me protege.

Oraciones escuchadas

La Ley de Libre Albedrío dice que el cielo no puede intervenir ni interferir en nuestra vida a menos de que le demos permiso. La única excepción es para salvarnos la vida —en caso de que todavía no sea hora de que nos vayamos—. Entonces, necesitas pedir que tus ángeles te ayuden a ver, escuchar o sentir su presencia con claridad. Existen muchas maneras de hacerlo, como:

- **Rezar.** Di tu petición a Dios y los ángeles. Por ejemplo: "Dios, deseo profundamente ver a mi ángel de la guarda. Por favor, ayúdame a verlo y a escucharlo". Repite la oración varias veces hasta que tengas una sensación de paz y certeza en tu corazón y tu instinto.

- **Pedirlo directamente.** Mucha gente tiene contacto con un ser amado, justo después de haberle pedido ayuda a esa persona. Puedes hacerlo en voz alta, de manera escrita o en silencio. Digamos que estás preocupado por un ser amado fallecido en especial. Pídele a esa persona una confirmación de que todo está bien. Esa persona te contactará ya sea en tus sueños, en una aparición o enviándote una señal. Si la experiencia no te parece muy obvia, pide a la persona otra manifestación.

- **Escribir una carta.** Esta técnica funciona mejor cuando se hace en un lugar apartado. Busca un lugar en el exterior o reclúyete en un rincón de la casa (incluso puedes usar el baño, ¡no hay un lugar más privado!). Escribe una carta a Dios, a tus ángeles de la guarda o a tu ser amado que ya murió. Expresa los deseos de tu corazón de tener un encuentro celestial, y tus miedos o reservas. Termina la carta con una fuerte petición de su ayuda.

- **Usar pertenencias.** La fotografía Kirlian muestra que las emociones de la persona que tomó un objeto afectan el aura de ese objeto. Es decir, la energía de las personas se imprime en sus pertenencias. Como resultado, puedes sintonizar con tu ser amado fallecido al tomar una de sus pertenencias con la mano con la que no sueles escribir (es decir, la mano con la que recibes energía). Es mejor usar un objeto con el que la persona estuvo en contacto constantemente —por ejemplo, un anillo, un reloj, sus lentes o un collar—. Los objetos de metal guardan mejor la energía, pero cualquier cosa funciona bien. También puedes sostener la fotografía de esa persona para sintonizar con su energía.

Sostén el objeto, cierra los ojos y mantén la intención de conectar de forma síquica con esa persona. Pide a tus ángeles que sean como los operadores de teléfono que pasan tu llamada. Ya sea que sientas la presencia de tu ser amado, o no, pídele mentalmente que contacte contigo.

- **Salir a la naturaleza.** Quizá, la razón por la que mucha gente tiene encuentros con sus seres fallecidos en los cementerios sea que están en el exterior. Las almas no vagan por el lugar donde están enterrados sus huesos o donde están puestas sus cenizas. Después de la muerte, ya no nos identificamos con nuestro cuerpo físico. Pero cuando vas al panteón a la tumba de un ser amado, estás pensando intensamente en él y estás en la naturaleza. Puedes imitar esas dos condiciones (sin ir al cementerio) para tener contacto. Ve a un lugar bonito en la naturaleza y piensa con fuerza en tu ser amado fallecido.

Esto funciona muy bien si vas a un lugar que te recuerde a esa persona. Por ejemplo, si a tu ser amado le encantaban las montañas, puedes conectar con mayor profundidad después de ascender un poco. O si a los dos les gustaba ir a caminar al lago, ve a ese lugar y mantén la intención de contactar con esa persona. Conforme camines a la orilla del lago, imagina que tu ser amado está contigo y ten una conversación mental con él. No pasará mucho tiempo para que te des cuenta de que tu ser amado está ahí y que su conversación es real.

- **Hacer una ceremonia**. El hecho de que el cuerpo de tu ser amado no esté presente, no significa que no puedas celebrar un cumpleaños u otra fecha importante. Después de que murió mi abuela Pearl organicé una "fiesta" de cumpleaños en su honor, con todo y un gran ramo de gladiolas, sus flores favoritas, adornando la mesa. Definitivamente estuvo presente, disfrutó y agradeció esa ceremonia desde el mundo espiritual.

Tus seres amados fallecidos van a cualquier ceremonia o reunión importante que haces, ¡así que no los ignores! Salúdalos mental o verbalmente cada vez que organices alguna reunión familiar. Ellos agradecerán que los menciones y los recuerdes y es más probable que veas, escuches o sientas su presencia.

También puedes hacer una ceremonia para contactar a tu ángel de la guarda o a los maestros ascendidos. Por ejemplo, durante las fiestas en honor a Jesús quizá te sientas especialmente abierto y cerca de él, lo cual puede ocasionar un encuentro. También puedes crear una ceremonia para contactar a tus ángeles y guías con danzas de estilo libre o con tambores.

Con optimismo estás más abierto a las experiencias con ángeles que suceden todo el tiempo a tu alrededor. Solo tienes que estar abierto y consciente. Es posible que la conexión con tu ángel suceda cuando menos lo esperas, porque es entonces cuando estás más abierto y relajado. Como demuestra este libro, los encuentros celestiales se dan de muchas maneras. Apariciones, visitas en sueños, voces desencarnadas, encuentros con extraños misteriosos y otras señales son solo algunas de las formas en las que el cielo escucha tus oraciones.

Capítulo 16

Plan de una semana para abrirte a las visiones de ángeles

Este capítulo te da un poderoso plan que te dará la máxima oportunidad para que veas a los ángeles. Algunas personas obtendrán resultados de inmediato y rápidamente verán ángeles o a sus seres queridos que han muerto. Otras tendrán que ser más pacientes y quizá pasen semanas antes de que lleguen sus visiones.

No obstante, si sigues los siguientes pasos tendrás grandes avances que te llevarán a esos encuentros. Te pido que repitas estos pasos durante siete días. Los ángeles aparecerán en cuanto estés listo.

Es posible que hayas notado que un denominador común en las historias de gente que vio en su sueño, o como aparición, a un ser querido fallecido es que la persona estaba en crisis o tenía una fuerte necesidad emocional de contactarlo. Cuando anhelas profundamente a una persona, una señal se emite al cielo. Allá arriba saben que deseas tener una conversación. De hecho, es probable que tu ser amado ya te haya visitado. Si te pareció "sentir" su presencia es muy probable que así haya sido. No viste a la persona o no recuerdas interactuar con ella en tus sueños debido al fuerte estado emocional de dolor, miedo o enojo.

Si tienes miedo de ver una aparición, tu ser amado fallecido no se aparece ante ti porque te ama y no quiere asustarte. No obstante, si has enfrentado tus miedos y has trabajado de manera espiritual o sicológica para eliminar esos miedos, ahora es muy probable que el ser fallecido se aparezca ante ti.

No existe garantía de que la persona se aparezca y, si no la ves, es importante que no te moleste. El hecho de que no lo hayas visto no significa que tu ser amado esté enojado o que no te quiera. Si alguien de tu familia sí ha visto a esa persona, no es señal de favoritismo —solo de que tu familiar estaba más "preparado" que tú para ver una aparición.

Una persona que está en el mundo espiritual requiere mucha energía para presentarse en forma de aparición, algo similar a lo que se siente cuando buceamos muy profundo en el suelo del océano. Algunas veces, el ser amado fallecido necesita que sus propias guías espirituales le "presten" una carga de "batería" para tener la energía suficiente que necesita para hacerse visible a nuestros ojos. Un estudio sobre personas que han visto apariciones en su lecho de muerte descubrió que la gran mayoría vio a sus seres amados durante cinco minutos o menos.[1] El mundo de los espíritus puede mantener una aparición durante un tiempo breve. Entonces, no quiero que creas que vas a estar horas hablando con tu ser amado. Algunas personas lo hacen, pero por lo general, solo puedes ver a la persona del mundo espiritual y hablar con ella durante poco tiempo. Sin embargo, aunque sea una visita breve, descubrirás que te cambia la vida y es muy terapéutica.

La visita de un ángel de la guarda o de un guía espiritual que resplandece tanto que no logras verle las facciones, también puede ser breve. Aunque, en dichos encuentros sentirás que el tiempo se detiene. De manera que después no puedes calcular cuánto tiempo duró el encuentro.

Plan de siete días para tener una visión angélica

Estos son los pasos que enseño a los estudiantes de mis clases de médium, desarrollo síquico y clarividencia. Suelo sugerir que intenten uno o dos pasos a la vez, pero entiendo que de verdad quieres ver a un ángel o a un ser amado fallecido, de manera que voy a pedirte que hagas el entrenamiento intensivo y lleves a cabo todos los pasos en una secuencia. Sigue adelante hasta que tengas la visión que anhelas.

Como dije con anterioridad, quizá suceda en el segundo día o al día 42. Lo que sí es seguro es que, si sigues los pasos como

1 Osis, K. y Haraldsson, E., *At the Hour of death*. Tercera edición (Norwalk, CT: Hastings House), 1997.

se describen, eventualmente tendrás tu visión. La determinación que añadas a los pasos depende de ti. Si el proceso es muy importante para ti, entonces realiza los pasos durante el tiempo que sea necesario. Y además, también descubrirás que te ayudan a sentirte más ligero, más feliz, más fuerte y más sano.

Primero, elige un día para empezar y anótalo en el calendario como "Principio de las visiones de ángeles". El día anterior al inicio tendrás que reunir algunos elementos y comprar alimentos que aumentarán tu capacidad síquica. Si puedes, compra los elementos en una tienda de comida sana. O busca una frutería o tienda de abarrotes que venda productos de calidad superior.

Compra varios tipos de fruta fresca, de preferencia que sea orgánica. En orden consecutivo en cuanto a su capacidad de ayudar a tus capacidades síquicas, compra: piña, toronja, naranja, manzana, limón, bayas y melón, todas frescas. Compra cereal integral, arroz integral, hojas verdes mixtas para ensalada, aderezo natural para ensalada (sin ingredientes químicos), nueces crudas, humus y sustitutos de carne como tofu, gluten de trigo y hamburguesas vegetales o busca sustitutos de carne en la sección de congelados de las tiendas naturistas. Durante la compra también consigue un par de libros de cocina vegetariana para guiarte en el mundo de este estilo de comida.

Llevar una dieta vegetariana es el camino más rápido para desarrollar clarividencia. Y más rápido aún es una dieta vegana, o sea, evitar carne, aves, pescado o lácteos y usar sustitutos de carne y productos de soya. De hecho, los alimentos que más bloquean la clarividencia son los lácteos, la carne roja, el chocolate y el alcohol. Si quieres saber más sobre la relación entre la dieta y la capacidad síquica, consulta mis libros *The Art of Raw Living Food* (que escribí con Jenny Ross), *Chakra Clearing* y *Divine Prescriptions.*

Nota: Las actividades de cada mañana requieren 20 minutos por lo menos, así que ajusta tu rutina y pon el despertador para que suene 20 minutos antes de lo normal. Es posible que algunas de las actividades te parezcan extrañas y te preguntes si puedes saltártelas. Te aconsejo que las realices todas y, si te sientes incómodo con cualquiera, pide a Dios y a los ángeles que te ayuden a eliminar la incomodidad o que te den una actividad sustituta. El primer día puedes sentirte agobiado por todo lo que te pido que hagas, pero pronto desarrollarás una rutina que supondrá menos esfuerzo. Además, todo esfuerzo extra valdrá la pena y, como resultado, descubrirás que tienes más energía durante el día.

Qué hacer cada día

1. Meditación por la mañana. En cuanto te despiertes y después de que vayas al baño, medita antes de participar en conversaciones con familiares o compañeros de piso. Cada día hay una meditación diferente por la mañana y por la tarde. Puedes combinarlas con tus prácticas regulares de meditación o hacerlas solas.

2. Diario. Escribe (en un cuaderno, libreta o en un diario) una carta a la persona que quieres ver. Puede ser una carta libre a "Mi ángel de la guarda", a un ser amado que ha muerto en específico, a Jesús o a un santo, o a Dios para pedirle ver a quien quieres ver. La carta debe salir de tu corazón, expresar todos tus sentimientos. Recuerda que todas las historias de este libro muestran la correlación entre alguien que tiene fuertes emociones y el ver después a un ser amado o a los ángeles. Así que, ¡deja que tus sentimientos salgan en la carta! No te fijes en la gramática, redacción ni sintaxis. Solo escribe con tu corazón.

3. Canto. En este paso (quizá necesites hacer este paso, y el siguiente, en el exterior) utilizas una antigua ciencia llamada "entonación" para abrir el tercer ojo. Canta siete veces el sonido de Dios o de la Creación, de preferencia en voz alta. Si tu familia es escéptica puedes cantar en silencio pero, por lo general, mientras más fuerte, mejor. Si tienes tus reservas en cuanto a cantar, por favor, lee la sección llamada "En cuanto al canto", que está al final de este capítulo. En ella leerás la increíble historia de una mujer que tuvo una visión angélica después de comenzar esta práctica.

Cierra los ojos y di "Aaaahhhh, Uuuuhhhh, Mmm", siete veces. Mientras estés cantando concéntrate en el área que está entre tus dos ojos físicos y mantén un pensamiento positivo, *Ver ángeles es seguro para mí*. Concéntrate en la persona que quieres ver. Si tienes pensamientos negativos o de miedo, no luches contra ellos. Mejor pide mentalmente a tus ángeles que se los lleven.

4. Giros. Después de cantar el sonido AUM siete veces, levántate y estira los brazos a los lados. Con los ojos abiertos localiza un objeto o una forma en la pared, un árbol, una cortina o cualquier objeto interesante que quede a la altura de tus ojos. Ese objeto es tu "ancla visual". Mira al objeto y gira despacio hacia la derecha (en el sentido de las manecillas del reloj). Tu cuerpo llegará a un ángulo en el que no podrás ver tu ancla visual. Sigue girando hacia la derecha y voltea la cabeza hacia la izquierda para volver a ver tu ancla visual, y gira tu cuerpo para que quede de frente al ancla visual.

Haz ejercicio de giros tres veces cada mañana. Si sientes que te mareas, significa que el chakra de tu tercer ojo (la ventana a la clarividencia) está sucio. Conforme limpies el chakra por medio de la meditación, el canto, comer ligero y los giros, podrás girar más veces sin sentirte mareado. Por el momento, gira despacio en cada rotación. También puedes detenerte al final de los tres giros y poner las manos en postura de rezo (o postura "Namaste") frente a tu pecho para detener el mareo.

5. Comer en luz. Debes consumir la dieta vegetariana o vegana (sin carne ni lácteos) en la misma medida en que quieres tener visiones angélicas. Es decir, mientras más alimentos vegetarianos consumas, más fácilmente se presentan las visiones angélicas. Entonces, un 70 por ciento de comida vegetariana te da un 70 por ciento de probabilidades de ver a un ángel o a un ser querido fallecido, y así sucesivamente.

También pide mentalmente a tus ángeles que eliminen los antojos de las dos sustancias que más bloquean las capacidades síquicas: alcohol y chocolate. Si de verdad quieres ver ángeles debes abstenerte de consumirlos por el momento. Los ángeles pueden ayudarte a eliminar el deseo de ingerir alcohol y chocolate para que no te sientas privado. Pide ayuda diciendo algo como:

Ángeles, quiero verlos, así que les pido que entren a mi cuerpo, mi mente y mi corazón, y que sanen cualquier miedo o sensación de carencia que me haga desear alimentos o bebidas que afecten mi estado de ánimo. Estoy dispuesto a deshacerme de la necesidad de comer chocolate o beber alcohol. Sé que esas sustancias son malos sustitutos de la energía y el amor Divinos. Gracias, amén.

Asimismo, durante ese periodo de siete días mantén al mínimo el consumo de cafeína, azúcar, nicotina y alimentos procesados. Mejor bebe mucha agua de manantial o de pozo artesiano (no agua con gas, purificada, destilada o del grifo) a temperatura ambiente; o recolecta agua de lluvia en recipientes durante una tormenta. Puedes beber jugo de cítricos recién exprimido, en especial si proviene de productos orgánicos. Te darás cuenta de que el agua y el jugo orgánico fresco aumentan tu energía mucho más que cualquier bebida que contenga cafeína.

6. Momento de la naturaleza. Cinco minutos al día quítate los zapatos, los calcetines o las medias y párate sobre la Madre Tierra con los pies descalzos. Permite que tu piel conecte con la tierra, el pasto o la arena. La tierra y tú necesitan tocarse en un "encuentro místico" para intercambiar información vital —además de amor alegre. Al asistir a esta cita diaria con la Madre sentirás más afinidad con toda la creación. Y parte de abrir tus visiones síquicas es saber que eres uno con todos y con todo.

Además, procura que en tu casa y en tu oficina siempre estés rodeado de plantas vivas y sanas. Las plantas absorben la energía del miedo y del estrés de la misma manera en que absorben dióxido de carbono. Es especialmente importante dormir cerca de una planta viva. Las variedades de hojas anchas, como potus (también se le conoce como potos o pothos) o philodendrons, son las que mejor absorben la energía negativa.

7. Ejercicio. Todos los días realiza una actividad física que estimule al corazón, como yoga, caminata rápida, correr, nadar, andar en bicicleta o cualquier otro ejercicio que aumente tu ritmo cardiaco por lo menos durante 30 minutos. El ejercicio aeróbico elimina los residuos tóxicos del miedo que se acumulan en el cuerpo.

8. Canto nocturno. Canta "AUM" siete veces, como se indica en el Paso 3.

9. Meditación nocturna. Aíslate durante 10 minutos mínimo, aunque tengas que encerrarte en el baño, y haz varias respiraciones profundas. Concéntrate en la meditación al atardecer que corresponda a cada día de tu plan de siete días.

10. Plática angélica nocturna. Antes de quedarte dormido habla mentalmente con tu ángel o ser amado fallecido. Habla con sinceridad sobre tus sentimientos, sobre lo que te pasó durante el día y sobre cualquier tema en el que necesites ayuda. Pide a tu ángel o ser amado que entre a tus sueños o que se aparezca ante ti. Pídele que te ayude a no tener miedo para que estés tranquilo y centrado. También pide ayuda para recordar los encuentros en sueños que tengas con tu ángel o con tu ser querido (aunque, la mayoría de los encuentros son tan vívidos que son inolvidables).

Meditaciones matutinas y nocturnas

Día 1 — Mañana:

"Siento que la presencia sanadora de mis ángeles me rodea ahora. Siento que sus alas me abrazan, me ayudan a saber que estoy a salvo y que soy amado eternamente. Cada vez que inhalo y exhalo siento su amor incondicional en forma de calidez en mi pecho y en mi corazón. Me permito sentirme amado sabiendo que estoy a salvo al abrir mi corazón al cuidado Divino".

Día 1 — Noche:

"Sé que estoy a salvo, que grandes ángeles me cuidan continuamente. Sé que la infinita sabiduría y el amor incondicional de Dios me cuidan ahora. Pido que [nombre del ser al que quieres ver] *se aparezca ante mí visualmente. Sé que estoy a salvo al ver. No insisto ni presiono, sino que permito que las visiones me lleguen de manera que pueda manejarlas con facilidad".*

Día 2 — Mañana:

"Todo está en orden Divino y perfecto ahora. Veo a los ángeles en el tiempo perfecto de Dios y me deshago de cualquier necesidad de apresurar mis visiones de ángeles. Cada vez que inhalo y exhalo libero todas las toxinas de mi cuerpo relacionadas con abrirme a las visiones síquicas. Libero las toxinas relacionadas a cualquier experiencia dolorosa del pasado. (Inhala y exhala profundamente). *Suelto todo. Veo una luz dorada dentro de mi cabeza. Veo que esa luz forma un cordón, siento que ese cordón sale del interior de mi cabeza hacia la habitación, como un tubo limpiador. Siento que la luz de mi Espíritu Santo limpia mi tercer ojo. Permito que el Espíritu limpie y me abra a las experiencias Divinas ahora".*

Día 2 — Noche

"Inhalo profundamente y recibo la energía vital del mundo. Yo soy uno con esa energía. Mis ángeles y mis seres amados fallecidos son uno con esa energía. Al exhalar por completo libero todo el estrés, las dudas y el miedo. Ahora inhalo profundamente y recibo fe, confianza y certeza. Exhalo escepticismo. Inhalo aceptación. Exhalo miedo. Inhalo fe. Exhalo todo lo que no quiero en mi vida. Inhalo todo lo que deseo. Exhalo enojo. Inhalo gratitud".

Día 3 — Mañana:

"Dios y Espíritu Santo, deseo profundamente ver a mi ángel (o nombre de tu ser amado fallecido). *Les pido su ayuda para hacerlo. Por favor, denme una clara guía Divina que pueda entender y me ayude a saber qué hacer para tener una visión angélica. Por favor, ayúdenme a deshacerme de los miedos que*

bloqueen mi visión espiritual. Por favor, ayúdenme a ver a Sus ángeles milagrosos".

Día 3 — Noche:

"Pido a mis ángeles y (nombre del ser querido fallecido y/o maestro ascendido que quieras ver) *que entren a mis sueños. Mi corazón y mi mente están abiertos a todas las posibilidades y estoy listo para recibir amor y verdad. Sé que estoy a salvo al tener visiones angélicas y afirmo que el amor Divino me encierra ahora. Estoy a salvo al ver ángeles. Estoy a salvo al ver la verdad. Estoy a salvo al ver el futuro. Estoy a salvo al ver".*

Día 4 — Mañana:

"Mi visión espiritual está abierta y todo a mi alrededor es belleza increíble. A dondequiera que miro veo evidencia del amor. Veo acciones amorosas, la exquisitez de la naturaleza y el atractivo en todos y en todo. Puesto que solo veo amor, solo el amor llega a mi conciencia. Ahora veo amor en la presencia de ángeles".

Día 4 — Noche:

"Pido al Arcángel Miguel que entre a mis sueños esta noche y elimine el miedo que me impida tener fe. Permito que el amor Divino de Dios se expanda por todo mi ser ahora, llenándome de confianza eterna y eliminando cualquier ilusión de miedo. Estoy a salvo y soy amado".

Día 5 — Mañana:

"Hoy veo las brillantes luces de los ángeles que constantemente rodean a todas las personas. Veo brillantes tonos de

blanco, dorado, verde, azul y violeta alrededor de la cabeza y los hombros de todas las personas. Me conecto fácilmente con esta energía angélica y recibo mensajes Divinos durante todo el día. Esos mensajes solo hablan de amor Divino y servicio desinteresado y me ayudan a permanecer en la conciencia de mi gratitud por el cielo en la Tierra".

Día 5 — Noche:

"Permito que lo bueno llegue a mí sin forzar ni perseguir nada. Sé que forzar para que algo suceda se deriva de un pensamiento de miedo. Sé que el miedo bloquea las experiencias que deseo. Entrego por completo mi deseo de tener una visión angélica. Confío en que Dios y el cielo me traerán ese deseo sincero. Mi tarea es abrir la puerta al vencer cualquier miedo. El resto se dará de manera natural".

Día 6 — Mañana:

"Mi intención hoy es tener un día feliz. Pido a Dios y a mis ángeles que me guíen para sentir felicidad durante todo el día. Pido que den bendiciones a todos los que me vean, me encuentren o piensen en mí hoy. Hoy pido ser un ángel terrestre".

Día 6 — Noche:

"Querido Ángel (o nombre del ser al que quieres ver), *deseo profundamente verte. Por favor, entra a mis sueños o manifiéstate en forma de aparición para poder verte y vivir tu experiencia sin demora. Te pido que me permitas verte. Si de alguna forma estoy bloqueando esta experiencia, por favor dame un mensaje fuerte y contundente para tener una clara visión espiritual".*

Día 7 — Mañana:

"Al sintonizarme con mi tercer ojo soy consciente de la brillante luz blanca, azul y púrpura. [Cierra los ojos por un momento y ve esos colores frente a ti.] *Pido al Arcángel Rafael que ponga su dedo índice en mi tercer ojo y elimine cualquier vestigio de miedo que cubra mi visión espiritual. Confío en que el velo ha desaparecido y ahora veo con claridad. ¡Estoy listo para ver ahora!".*

Día 7 — Noche:

"Ahora estoy consciente de la presencia de mis ángeles de la guarda. Al inhalar y exhalar, me relajo y sintonizo con la conciencia de su presencia. Me permito sentir la profundidad de su amor por mí. Siento su calidez. Siento su amor incondicional. Yo soy uno con mis ángeles. Yo soy uno con el amor. Ahora me permito conectar visualmente con mis ángeles".

Sobre los cantos

Para algunas personas, la idea de cantar puede parecer que no es natural ni cómoda, pero es una técnica antigua para tener visiones espirituales. Lejos de ser una práctica oculta, los cantos se derivan de afirmar el sagrado nombre de nuestro Creador. Cuando cantamos la palabra AUM estamos cantándole a Dios una canción de amor. *Aum* es la raíz de la palabra *Amén*, que se usa para cerrar la mayoría de las oraciones cristianas.

La siguiente es la historia de una mujer que tuvo una visión angélica gracias a la ayuda que recibió del canto.

Cantar me ayudó a ver a mi ángel
Por Molly Donohue

El día de Navidad de 1999 vi a un ángel que flotaba sobre mi cama. Cuando estaba leyendo el libro de Doreen, *Divine Guidance*, recé para poder ver a uno de mis ángeles. Desde hacía una semana estaba siguiendo el consejo de Doreen de cantar AUM siete veces en las mañanas y en las noches durante una semana.

En mitad de la noche, una brillante luz blanca rojiza me despertó. La visión era extraña, como si hubiera un planetario sobre mi cama. El brillo de la luz menguó un poco y vi a una hermosa ángel recostada a un lado, mirándome.

Claro que me sorprendí pero, poco después, me inundó una sensación de calidez y amor y dejé de sentir miedo. Me acordé de haber leído en el libro de Doreen que los ángeles son mensajeros, así que le pregunté su nombre y cuál era el mensaje que tenía para mí.

Sin hablar, me dijo que su nombre era Annabelle. Se veía como los ángeles de las pinturas renacentistas y su mensaje era simple. Quería que supiera que soy infinitamente amada, más de lo que puedo imaginar. Quería que supiera que me cuidan a cada momento y que una legión de ángeles y guías esperaban mis peticiones. Le pregunté sobre un libro que se supone que debía escribir. Confirmó que escribirlo era guía Divina pero que ese no era su papel.

La enviaron como respuesta a una oración y para expresar amor —amor Divino. Disfruté el amor y el brillo radiante durante 30 minutos por lo menos—. Incluso fui al baño y, cuando salí, ahí seguía, irradiando amor y luz. Después se desvaneció lentamente, volvió a ser de color blanco rojizo y después nada. Fue una de las experiencias más maravillosas de mi vida. Ahora veo, escucho y siento a mis ángeles todo el tiempo.

Capítulo 17

Cómo ver a un ángel

Si sigues el plan de siete días del Capítulo 16, sigue repitiendo el proceso durante los días que haga falta y si ya estás listo para ver a un ángel, no hay ninguna razón para que no tengas una visión angélica. Los métodos descritos en el capítulo anterior son poderosos pasos tradicionales que conducen a tener visiones. Si te comprometes y los practicas de manera consistente, funcionan.

Como leíste en las historias de este libro, cada persona tiene diferentes maneras de ver a sus ángeles. Pero, ya sea que su experiencia sea en un sueño, en estado de vigilia, que vean luces o que tengan un encuentro útil con un extraño misterioso, los autores de las historias que leíste tienen algo en común: su visión angélica estuvo llena de significado y les cambió la vida.

Es posible que tengas alguna preferencia en cuanto a la manera en que te gustaría ver a tus ángeles (y en este capítulo, uso la palabra ángel para referirme por igual a un ángel con alas, a un ser amado que ha muerto o a un maestro ascendido), pero tu visión angélica sucederá de la forma para la que estés más preparado. Si ver a un hermoso ángel en la sala de tu casa te asusta, entonces tu visión angélica se dará en forma de sueño o de luces.

En mis talleres, he descubierto que la gente del público tiene visiones angélicas de diferentes maneras, como ver a un ángel...

- ...con los ojos abiertos.
- ...en la mente, con los ojos cerrados.
- ...como una imagen parcial en su mente.

Algunas personas del público experimentan visiones angélicas que se ven como imágenes borrosas. Otras ven ángeles un poco más opacos y sólidos. Otras ven ángeles en la mente que parecen estar colocados sobre otras personas. Para otras, los ángeles que ven en su mente parecen estar dentro de su cabeza.

Cuando veo ángeles suelo tener los ojos abiertos. De niña, no podía distinguir entre la gente fallecida de la viva. Ya de adulta, mis visiones angélicas son menos opacas. Los ángeles que veo me recuerdan la experiencia de estar en una sala con amigos, con la tele encendida. Puedo ver tanto a la gente que está presente conmigo físicamente, como a la gente de la tele. Sé que los que están en la tele no son tan "reales" como los que están sentados junto a mí en el sillón.

Entonces, es probable que tus visiones angélicas tengan una calidad diferente que cuando ves a una persona viva. No obstante sabrás que estás interactuando con un ser sensible que está muy vivo. No tendrás dudas de que tu experiencia sea real. En la mayoría de las visiones angélicas recibirás un mensaje del ángel que tu corazón o tu mente recibirán sin palabras. "Saber" o "sentir" exactamente lo que el ángel está diciéndote.

¡Por favor, no insistas!
Si tratas demasiado bloquearás las visiones angélicas.
Sí, reza mucho para ver a tu ángel y
para eliminar los miedos que bloqueen tus visiones.
Por favor, no fuerces para que suceda la experiencia.
Deja que las visiones angélicas lleguen a ti.
Imagina que eres una antena parabólica
que recibe señales.

Diferentes maneras de ver ángeles

Después de llevar a cabo el plan de siete días, y repetirlo si es necesario, es probable que tengas una visión angélica espontánea. Lo más seguro es que suceda cuando menos te lo esperes. Por ejemplo, que te despiertes en mitad de la noche y veas que hay un ángel en los pies de tu cama; el increíble amor que emana del ángel aliviará el miedo que tendrías normalmente. O que vayas manejando y de repente veas que un ángel anda por el cofre de tu coche. Las posibilidades de tu visión angélica repentina son infinitas.

Mientras realices estos ejercicios es muy importante que mantengas expectativas positivas de que verás ángeles. De manera que, si tienes intenciones negativas en cuanto a las visiones angélicas como, *Caramba, espero poder hacerlo* o *No sé si estoy calificado para ver ángeles*, estarás bloqueado porque esperas estar bloqueado.

Las dudas son normales de vez en cuando. La clave es estar consciente de esas intenciones negativas y pedir mentalmente a tus ángeles que te ayuden a eliminar esos pensamientos y sentimientos, y sus residuos. Antes de que empieces con los ejercicios, tómate un momento para cerrar los ojos, respira profundamente y ve o siente ocho globos terráqueos de cristal puestos uno encima del otro. De arriba a abajo, los colores de los globos terráqueos son:

- Púrpura
- Rojo violeta
- Azul marino
- Azul claro
- Verde esmeralda
- Amarillo
- Naranja
- Rojo

Siente o ve que estos globos son de colores brillantes y no tienen manchas. Imagina que una luz blanca muy brillante ilumina el interior de cada globo.

Después, haz la siguiente afirmación mentalmente:

Ahora puedo ver fácilmente el mundo espiritual.
Yo soy un clarividente poderoso que usa su don
para dar un hermoso servicio al mundo.
Estoy a salvo al ver.
Estoy rodeado de seguridad, protección y tranquilidad.

Ejercicios en pareja

En cada ejercicio en pareja puedes trabajar con alguien de mente abierta o que crea en los ángeles (o que quiera creer en los ángeles). Aunque es posible tener importantes experiencias angélicas cuando trabajas con escépticos, su mentalidad negativa en cuanto a la vida después de la muerte y a los ángeles puede frustrar tus intentos iniciales de ver ángeles. Así que, por favor, elige al amigo o familiar que tenga más fe.

Trabajo contra la pared

Pídele a tu compañero que se ponga de pie contra una pared blanca. La pared debe ser casi sin textura y no debe tener tapiz. También puedes usar una pantalla blanca sólida, de las que se usan para proyectar películas.

Pide a tu amigo que cierre los ojos para que no sientas presión ni te sientas extraño al hacer este ejercicio. Respira profundo unas cuantas veces y entrecierra los ojos un poco. Desenfoca la vista, como si estuvieras mirando más allá de tu amigo.

Con la vista desenfocada, recorre el contorno de la cabeza y los hombros de tu amigo. No luches por ver algo, deja que la conciencia visual llegue de manera natural. Nota si ves o sientes una luz blanca u otros colores a su alrededor. Quizá veas ondas de energía, como cuando se ven ondas de calor que se desprenden del asfalto en un día caluroso.

Respira profundo y cierra los ojos. Una vez que cierres los ojos, compara lo que ves en el contorno de la cabeza y los hombros de tu amigo (algunas personas ven el mundo espiritual con mayor facilidad si cierran los ojos). Si "ves" más fácil con los ojos cerrados, entonces mantenlos cerrados durante el resto del ejercicio. Sin embargo, es posible que te sea más fácil ver la energía o la luz de los ángeles con los ojos abiertos, si es así, déjalos abiertos durante el ejercicio.

Una vez que veas cualquier tipo de luz, bulto o cualquier indicativo de una presencia, sigue inhalando y exhalando mientras tu visión espiritual se ajusta a ver. Así como cuando sales de un lugar oscuro y fuera es de día, tus ojos necesitan un tiempo para ajustarse y enfocar lo que están viendo. No te preocupes de que sea tu imaginación o no, sigue pendiente de los detalles sobre los ángeles alrededor de tu amigo.

Trabajo de dos

Este ejercicio está diseñado para que ambos tengan una visión angélica de manera simultánea. Primero, siéntate de frente a tu amigo. Tómense de las manos, ambos cierren los ojos. Coloquen las manos en un lugar cómodo, como las piernas de una persona, para que no se cansen. Inhalen y exhalen de manera regular. (Cuando estamos bajo presión, algunas veces sostenemos la respiración). Respirar abre los sentidos síquicos. También tómense su tiempo con este ejercicio pues cualquier sensación de prisa puede bloquearte.

Ahora, imagina cómo sería si pudieras ver a los ángeles de la guarda de tu amigo. Date permiso de imaginar que ves a sus ángeles. No importa si estás inventándolo o verdaderamente estás viéndolos. Solo permítete verlos.

¿Cómo son? ¿Son altos o bajos? ¿Son femeninos o masculinos o sin género? ¿De qué color son sus ojos? ¿Cómo es su cabello? ¿Ves si tienen alas? ¿Qué otro detalle ves? ¿Sientes que los ángeles están enviando un mensaje a tu amigo?

Unos minutos después de ver los ángeles alrededor de tu amigo, cuéntale todo lo que viste, sentiste, escuchaste o pensaste. No te preocupes de que haya sido "real" o no. Una de las razones por las cuales los niños son tan síquicos es que no les importa diferenciar entre la imaginación y la realidad. La cautela de los adultos es uno de los mayores impedimentos para ver más allá del velo. La ironía es que cuando dejas de luchar para distinguir la fantasía de la realidad, tienes logros en tus visiones de ángeles.

Sabrás o sentirás la realidad de tu visión y tu amigo te dirá si la visión le parece verdad. Sin embargo, si tienes dudas de haber visto a un ángel, pídele a Dios y a los ángeles que te guíen para tener una visión angélica verdadera, o que te ayuden a eliminar las dudas que te impidan disfrutar de tus visiones angélicas.

No hay límite en cuanto a la cantidad de veces que puedes ver a tus ángeles de la guarda o a alguien como Jesús, Yogananda o un santo. Sin embargo, un ser amado fallecido quizá no pueda aparecerse ante ti con frecuencia. Una persona fallecida necesita una gran cantidad de energía para aparecerse, así que puede ser que la veas una vez al mes, por ejemplo. Además, la gente que murió recientemente no puede permanecer de manera continua en el plano terrenal. Tiene que hacer un trabajo celestial de crecimiento antes de que sea asignada a alguien como espíritu guía permanente. Pero, después de sintonizar con ella visualmente podrás sentir su presencia con mayor facilidad. Y ten la certeza de que tu ser amado fallecido siempre escucha tus oraciones, tus mensajes, tus peticiones y tus preguntas. Las personas que fallecieron siempre nos escuchan y, cuando las llamamos, están a nuestro lado en cuanto pueden.

Ejercicios para hacer solo

Cita con un ángel

Decide a qué ser celestial quieres ver. Puede ser un ser amado que ha muerto o tu ángel de la guarda alado, por ejemplo. Mira en el calendario y elige un día y una hora en el que tendrás por lo menos dos horas para ti solo, sin interrupciones. Escribe en el calendario "Mi cita con un ángel".

Ve a algún lugar donde puedas estar solo, como el baño, el jardín o el patio de tu casa, o el lugar donde meditas. Cierra los ojos y concéntrate en el ser celestial que quieres ver. Llama mentalmente a este ser. Envíale energía de amor desde tu corazón y estómago.

Explícale con la mente que quieres verlo (y dale el día y la fecha exactos de la cita). Si tienes una fuerte sensación de que no está bien para tu ángel o ser amado fallecido, entonces elige otro momento para la cita. Es posible que tu ángel sepa que esa hora no será un momento óptimo para que conecten (el ángel puede ver una actividad que desconoces que interrumpirá la cita), o que tu ser amado tenga alguna obligación previamente adquirida (como hacer trabajo de servicio, algo que la mayoría de la gente hace en el cielo).

Una vez que sientas paz en cuanto a la fecha y hora de la cita, dile mentalmente al ser en dónde vas a estar. Esto es por ti, no por el ser celestial (pues él te encuentra con facilidad, sin importar el lugar en donde estés). El objetivo es tener una clara imagen mental sobre tu cita. Mírate a ti mismo conectando y ten una expectativa positiva de que tendrás avances en cuanto a tu visión angélica. No olvides que tus intenciones crean tu experiencia. Mantén una intención optimista, sin la sensación de prisa o urgencia.

Es imprescindible que respetes la cita. Si de verdad no puedes hacerla o si necesitas elegir un lugar nuevo, vuelve a hacerlo mentalmente con tu ángel.

El día de tu cita llega puntual y lleva un cuaderno y una pluma de punto medio. Siéntate y mentalmente saluda a tu ángel o ser amado. Cierra los ojos y respira, percibe la sensación de que el ser está contigo. Salúdalo en tu mente y comienza una conversación mental con él. Deja que las preguntas, los sentimientos, las palabras, los pensamientos y las visiones lleguen a ti.

Di una oración para que la luz Divina de Dios te rodeé. Con la mente pide al Arcángel Miguel que se quede contigo durante la cita para asegurarse de que solo acuda tu ángel o el ser amado que invitaste.

Abre los ojos y escribe en el papel: "¿Cómo puedo verte?". Piensa en la pregunta conforme la escribes. Anota cualquier impresión que tengas, aunque sientas que no tienes ninguna. Algunas veces, la escritura automática comienza poco a poco, pero si solo escribes cualquier cosa que llegue a tu mente, empiezas a abrir el grifo. Escribe cualquier pregunta que se te ocurra y registra las impresiones que te llegan como respuesta. Antes de que te des cuenta estarás teniendo una conversación con el cielo.

Tu ser celestial te hará sugerencias muy útiles para ayudarte a tener visiones angélicas. Quizá recibas guía para hacer cambios en tu estilo de vida, para meditar con mayor frecuencia o replantearte tus creencias. Al seguir esta guía paso a paso estarás en el camino adecuado para tener visiones angélicas. No obstante, también es muy probable que veas a tu ángel o ser amado durante tu cita. De cualquier manera, sigue adelante, practica y sé paciente y, de manera regular, tendrás conversaciones útiles y amorosas con el cielo.

Trabajo con espejo

Para este ejercicio necesitas una habitación con luz tenue y un espejo grande. Puedes hacerlo en la noche con una lamparita. Pero a mucha gente le da miedo mirar a un espejo en la oscuridad, así que es mejor hacerlo durante el día y usar una habitación con la luz tenue. Puedes cubrir la ventana del baño con una toalla gruesa, por ejemplo.

Párate delante del espejo y sonríe. Al hacerlo te relajas de manera automática y el ejercicio se vuelve una experiencia más agradable y no una que te dé miedo. Puedes hacer caras chistosas frente al espejo para reírte y relajarte aún más. Un secreto para tener visiones angélicas es estar relajado y divertirte durante todo el proceso.

Entonces, con una actitud tranquila, mira tu reflejo en el espejo, y mira el contorno de tu cabeza y tus hombros. No intentes forzar la visión, solo deja que, lo que sea que llegue a ti, sea una agradable sorpresa. Puedes ver un aura brillante alrededor de tu cabeza y puede parecerte que esa visión está en tu mente. El brillo blancuzco que ves es el aura de tus ángeles de la guarda.

Concéntrate en ese brillo blancuzco, inhala y exhala profundamente. Di a tus ángeles mentalmente: *Me gustaría verlos ahora*. Comenzarás a ver destellos o detalles de tus ángeles. Sigue mirando sobre tus hombros. No mires directo a tu cara porque te parecerá que cambia y puede verse como otras personas durante el ejercicio, lo cual puede distraerte o darte miedo. Tu cara lo hace porque estás accediendo a tus propios "Registros Akáshicos" o "Libro de la vida". Estás viendo visiones de los registros de la historia de tu alma.

Tener visiones angélicas durante este ejercicio depende de que mantengas la mirada sobre tu cabeza y los hombros.

Trabajo en sueños

Puedes invitar mentalmente a tu ser amado fallecido, a tu ángel o a un guía personal como Jesús a que entre a tus sueños por las noches. Para tener una visión poderosa durante el sueño es necesario que no consumas ciertas sustancias durante el día. Esto es, evita o consume un mínimo de cafeína, azúcar, chocolate, alcohol, nicotina, manzanilla, melatonina, valeriana y cualquier otra sustancia que altere tu estado de ánimo. Estas drogas y hierbas inhiben el ciclo de sueño MOR, por lo que reducen y alteran tus patrones de sueño.

Antes de irte a dormir en la noche escribe en un papel, dirigido a quien quieras invitar a tu sueño: "Me gustaría hablar contigo y verte. Te pido que entres a mi sueño esta noche. Te amo y deseo profundamente verte". Pon el papel debajo de tu almohada y repite mentalmente la petición conforme te quedas dormido.

La mayoría de las visiones angélicas en sueños son muy reales. Es poco probable que se te olvide un encuentro en sueños con tu ángel o un ser amado fallecido, en especial si te acuestas con la mente despejada. No obstante, existe la posibilidad de que la mente subconsciente haga que olvides un sueño si sabe que tu mente consciente no será capaz de manejarlo.

Quizá necesites repetir el ejercicio durante varios días seguidos antes de tener una visión angélica en tu sueño. Y quizá descubras que después de que pidas ver a tu ángel durante varios días seguidos, el gran sueño sucede en la noche en que soltaste el asunto y lo dejaste en manos de Dios.

Mirar hacia los lados

Después de meditar, mentalmente pide a tus ángeles o ser amado que se aparezca ante ti. Entonces mira con el rabillo del ojo alrededor de la habitación. Para algunas personas funciona mejor ver el mundo espiritual de manera periférica más que de forma directa. Parece que, cuando miramos por el rabillo del ojo, estamos más abiertos a ver cosas que la visión directa bloquearía de nuestra conciencia.

Pedir una señal

Las visiones angélicas incluyen ver "señales" en el mundo físico que son evidencia de la presencia de tus ángeles. Pide mentalmente a tu ángel o ser amado fallecido que te envíe una señal que te ayude a saber qué decisión tomar, por ejemplo. También puedes pedir la señal solo para saber que el ser está contigo.

Tu tarea es darte cuenta de la señal. Afortunadamente, si no lo notas al principio, las señales se repiten hasta que las notes.

Esta repetición ayuda a eliminar el escepticismo que puedas tener sobre la validez de la señal.

Entre las señales más comunes están ver plumas, pájaros, mariposas, arcoíris y flores. También puedes ver placas de coches, espectaculares o pinturas que tengan significado para ti. Además, algunas señales son auditivas, como cuando escuchas varias veces una canción que significó algo para ti y tu ser amado fallecido, o cuando escuchas campanitas en un oído.

Además, los ángeles pueden ayudarte a ver luces brillantes o resplandecientes como señal de que están cerca. Estas "huellas de ángeles" son la chispa eléctrica de los seres celestiales cuando se mueven a través del espacio.

No importa qué tan clara o difusa sea tu visión angélica, es esencial que mentalmente agradezcas a Dios y a los ángeles por su ayuda. La recompensa que el cielo obtiene por toda la ayuda que nos da es cuando estamos felices, en paz y agradecidos.

Epílogo

Ya tienes conexión con tus ángeles de muchas formas maravillosas, como a través de sueños, sentimientos y señales que recibes. Leer historias de ángeles también tiende a aumentar tu sensibilidad a su presencia en tu vida. Así que, el simple proceso de leer este libro seguramente creará una experiencia angélica, y la sentirás de manera consciente.

Nuestro clima emocional también es capaz de estimular o bloquear las conexiones con ángeles. Cuando tenemos una emoción muy fuerte —como miedo, enojo o preocupación— y al mismo tiempo, pedimos ayuda al cielo, esto suele producir una experiencia angélica. Pero, si tenemos dichas emociones fuertes y *no* pedimos ayuda, nos bloqueamos y no escuchamos su guía. De manera que pedir es una clave esencial.

Hay muchas maneras en las que puedes pedir ayuda a Dios, al Espíritu Santo, a Jesús (u otros maestros ascendidos), a los arcángeles, a tu ángel de la guarda o a un ser amado fallecido:

- **Piensa el pensamiento: ¡Ayúdame!** El cielo escucha tus pensamientos y responde con ayuda.
- **Pronuncia tu petición en voz alta**. Las palabras que elijas y la manera en que lo digas no tienen importancia. La sinceridad es lo que cuenta.
- **Escribe una carta al cielo**. Expresa lo que hay en tu corazón, incluyendo tus miedos, preocupaciones y esperanzas. Tampoco te preocupes por la redacción. Son ángeles, no profesores de español.
- **Invítalos a tu sueño**. Antes de que te quedes dormido, reza para que tengas una conexión con tus ángeles. Invítalos (o invita a un ser celestial en especial) a tus sueños. También puedes escribir tu oración y colocar el papel debajo de tu almohada.
- **Pide una señal**. Pide a tus ángeles que te hagan obvia su presencia por medio de una de las formas que vimos en las historias en los capítulos de la Segunda Parte. No especifiques cómo quieres que sea la señal. Deja que los ángeles te sorprendan con su método. Pero sí pídeles que sea una señal muy clara que no puedas ignorar.
- **Pide fe**. Si descubres que tienes dudas pide a tus ángeles que aumenten tu confianza espiritual. Aunque no estés seguro de que tienes ángeles o que no estés seguro de que existan, pide fe. La manera más fácil es hablarles mentalmente antes de dormirte. Pídeles que aumenten tu fe y que conecten contigo para que estés seguro de su presencia.

Estás rodeado de ángeles en este momento. Aunque seas un escéptico, tienes ángeles de la guarda que te aman y están contigo en este momento. Cierra los ojos, respira profundamente y siente su presencia. Si sigues sin poder sentir a los ángeles, continúa intentándolo. Ellos están más motivados que tú para hacer saber su presencia. Te aman y quieren participar más en tu vida.

Imagina cómo sería ser un ángel de la guarda. ¿Crees que es un trabajo frustrante o estresante? El propósito de nuestros ángeles es traer paz a la Tierra, a una persona a la vez. Cuando les pedimos ayuda y les permitimos que nos ayuden estamos ayudándolos a que cumplan su misión.

Cuando mi ángel de la guarda me salvó la vida en un asalto a mano armada, en julio de 1995, aprendí una importante lección: Dios puede mandar a los ángeles a que me salven la vida, pero aceptar esa ayuda depende de mí. Una voz me advirtió que me iban a robar el coche ese día a menos que pusiera el techo de mi convertible. No hice caso a la advertencia y casi me cuesta la vida. Afortunadamente, durante el asalto, los ángeles me dieron una segunda oportunidad. Me dijeron que gritara con todas mis fuerzas y ¡esta vez les hice caso!

Me salvaron la vida porque permití que Dios y los ángeles me ayudaran. Ese momento me cambió para siempre. Ahora conozco la importancia de pedir ayuda a los ángeles y de hacer caso a su guía cuando se presente. Quizá sea uno de los hábitos más sanos que podemos desarrollar.

Conectar con nuestros ángeles es mucho más que una empresa de crecimiento personal. Es una relación que nos ayuda a recordar y a realizar nuestro propósito de vida Divino y a llevar a cabo el plan de paz de Dios. Es una relación que puede significar una diferencia de vida o muerte para nuestros seres queridos y nosotros.

Nuestra relación con Dios, con los maestros ascendidos, con nuestros ángeles y con nuestros seres amados fallecidos puede ayudarnos a amarnos a nosotros mismos, y a los demás, con mayor profundidad. Al abrir nuestro corazón al cielo, literalmente nos abrimos a la vida misma. De esa manera, todos podemos convertirnos en ángeles terrenales.

—Doreen

Sobre la autora

Doreen Virtue tiene estudios de licenciatura, maestría y doctorado en asesoría sicológica. Trabajó como sicoterapeuta especializada en desórdenes de alimentación y adicciones; ahora imparte talleres *online* sobre temas relacionados con sus libros y cartas del oráculo. Es autora de *Reafirmación para los ángeles terrenales, Los milagros del arcángel Miguel* y *Sanación con los ángeles*, entre muchas otras obras.

Doreen ha participado en el programa de Oprah, CNN, *The View* y otros programas de radio y televisión. Colabora de manera regular con las revistas *Woman's World, New Age Retailer* y *Spirit & Destiny.*

Puedes escuchar cada semana a Doreen en su programa de radio en vivo o solicitarle alguna lectura en particular, visitando: HayHouseRadio.com.

TÍTULOS DE ESTA COLECCIÓN

Ángeles y sueños. *Doreen Virtue & Melissa Virtue*

Arcángeles 101. *Doreen Virtue*

Arcángeles y maestros ascendidos. *Doreen Virtue*

Astrología y ángeles 101. *Doreen Virtue*

Cómo escuchar a tus ángeles. *Doreen Virtue*

Cómo sanar un corazón triste. *Doreen Virtue & James Van Praagh*

Guía diaria de tus ángeles. *Doreen Virtue*

Los milagros del arcángel Gabriel. *Doreen Virtue*

Los milagros del arcángel Miguel. *Doreen Virtue*

Los milagros sanadores del arcángel Rafael. *Doreen Virtue*

Manual de terapia con ángeles. *Doreen Virtue*

Medicina de ángeles. *Doreen Virtue*

Mensaje de tus ángeles. *Doreen Virtue*

No dejes que nada opaque tu chispa. *Doreen Virtue*

Números angelicales. *Doreen Virtue*

Oraciones a los ángeles. *Kyle Gray*

Reafirmación para los ángeles terrenales. *Doreen Virtue*

Reinos de los ángeles terrenales. *Doreen Virtue*

Salvado por un ángel. *Doreen Virtue*

Sanación con hadas. *Doreen Virtue*

Sanación con los ángeles. *Doreen Virtue*

Señales del cielo. *Doreen Virtue & Charles Virtue*

Terapia con ángeles. *Doreen Virtue*

Vivir sin dolor. *Doreen Virtue & Robert Reeves, M. D.*

Impreso en los talleres de
MUJICA IMPRESOR, S.A. de C.V.
Calle camelia No. 4, Col. El Manto,
Deleg. Iztapalapa, México, D.F.
Tel: 5686-3101.